ALMA OBREGÓN

REPOSTERÍA SANA
PARA SER FELIZ

ALMA OBREGÓN

REPOSTERÍA SANA PARA SER FELIZ

Planeta

Obra editada en colaboración con Editorial Planeta – España

Diseño de portada: Planeta Arte & Diseño
Fotografía de portada: © Nines Mínguez
Fotografías de las recetas: © Alma Obregón

© 2017, Alma Obregón

© 2017, Editorial Planeta, S. A.- Barcelona, España

Derechos reservados

© 2018, Editorial Planeta Mexicana, S.A. de C.V.
Bajo el sello editorial PLANETA M.R.
Avenida Presidente Masarik núm. 111, Piso 2
Colonia Polanco V Sección
Delegación Miguel Hidalgo
C.P. 11560, Ciudad de México
www.planetadelibros.com.mx

Primera edición impresa en España: octubre de 2017
ISBN: 978-84-08-17682-4

Primera edición impresa en México: febrero de 2018
ISBN: 978-607-07-4682-6

Impreso en los talleres de Litográfica Ingramex, S.A. de C.V.
Centeno núm. 162, colonia Granjas Esmeralda, Ciudad de México
Impreso en México -*Printed in Mexico*

A Bruno, mi chiquitín. Deberías figurar como coautor, porque has estado junto a mí a lo largo de toda la creación de este libro: dormido en mi regazo mientras lo escribía, en la mochila mientras sacaba las fotos o cocinaba... En resumen, has hecho que escribir este libro sea maravilloso. Eres lo mejor del mundo y te adoro.

A Lucas. Sin tu apoyo incondicional este libro nunca habría sido posible. Te quiero.

Hace ya más de siete años que comencé en este maravilloso mundo de la repostería y durante todo este tiempo han sido much@s l@s que me han pedido un recetario de alimentos dulces sanos y equilibrados.

Los que me siguen saben que soy una firme defensora de que lo más saludable es comer de todo en su justa medida (¡postres incluidos!) y llevar una vida activa. Por eso tenía ganas de preparar, por fin, un recetario con esos alimentos dulces que pueden comerse sin sentir esa culpa que muchas veces los rodea y que nos endulzarán la vida mientras nos aportan un montón de nutrientes.

Esa es la razón por la que he reunido en este libro mis recetas favoritas de repostería saludable, aquellas que combinan productos naturales, cargados de nutrientes, para lograr unos sabores increíbles. Alimentos dulces sin ingredientes refinados, colorantes o conservadores, que se convertirán en aliados de todos aquellos que estén buscando mantener una dieta sana y equilibrada. Pero, sobre todo, son alimentos dulces deliciosos. Aunque muchas veces parece que para comer sano tenemos que sacrificar el sabor (¡y la presentación!), lo cierto es que no tiene que ser así. En cuanto empieces a preparar las recetas de este libro, verás cómo lo sano también está riquísimo.

Como siempre, te prometo recetas sencillas, sin complicaciones, e ingredientes fáciles de encontrar y muy, muy naturales. En ellas, no encontrarás edulcorantes artificiales ni ingredientes altamente procesados; todo lo contrario: nuestros aliados serán las frutas, las verduras, las harinas y los cereales integrales, conformando postres que aportan beneficios para una dieta equilibrada.

Por primera vez, además, he incluido varias propuestas dedicadas a los más pequeños de la casa, ¡ya está bien de que se pierdan siempre el postre!

Besos a montones

Alma

Índice

Guía para el lector

Aunque en la sección de ingredientes planteo formas de adaptar cada receta a posibles intolerancias, tanto en el índice como junto a cada receta encontrarás los siguientes símbolos, que tienen este significado:

¡De esta forma, espero que tu «navegación» por el libro sea muy sencilla!

Ingredientes

Si este recetario es tu primer encuentro con el mundo de la «repostería saludable», puede que algunos ingredientes (quinoa, chía, amaranto...) te suenen un poco extraños. Por eso te voy a explicar brevemente en este apartado qué es cada cosa (y para qué vamos a usarla). Sobre todo, que no cunda el pánico; todos los ingredientes que aparecen en este recetario son muy fáciles de encontrar, ya sea en un herbolario o en una tienda de productos naturistas. Y también, por supuesto, en Internet, en una de las múltiples tiendas *on-line* que los comercializan.

Açai

Fruto de la palmera *Euterpe oleracea*, es conocido por su riqueza en nutrientes y antioxidantes. Su pulpa deshidratada se encuentra fácilmente en tiendas naturistas o especializadas.

Aceite de coco virgen extra

Un aceite muy de moda actualmente, que permite conseguir un suave sabor a coco en las preparaciones. Es fácil encontrarlo en tiendas especializadas. A temperatura ambiente se mantiene sólido y en este recetario se indicará en qué ocasiones debes utilizarlo derretido (unos segundos en el microondas bastan).

Agar agar

Esta alga es una aliada fundamental en aquellas preparaciones que requieren una textura gelatinosa y es una alternativa a la gelatina de origen animal.

Amaranto

Este pseudocereal tiene un aspecto similar en crudo al de la quinoa y una textura perfecta, cuando se cocina a fuego lento, para crear unos desayunos deliciosos. Tiene un alto contenido en hierro, fibra y proteínas, y no contiene gluten.

Avena

Es el cereal más utilizado en las recetas de este libro, tanto en hojuelas enteras como en hojuelas «suaves» (es decir, ligeramente trituradas). En repostería, se usa también en forma de leche y, por supuesto, de harina. Rico en fibra, proteínas y minerales, es el cereal rey en nuestro capítulo de desayunos. Actualmente, las variedades sin gluten son muy fáciles de conseguir, para que todos puedan disfrutar de su sabor.

Azúcar de caña integral

También conocido como panela, el jugo de la caña de azúcar deshidratado y sin refinar será nuestro aliado para lograr la textura (y el sabor) perfectos en muchas recetas. Se vende en muchos supermercados.

Azúcar de coco

Obtenido al calentar la savia de la flor del coco, este edulcorante tiene una textura similar a la del azúcar de caña integral y un aroma característico a tostado. Con un índice glucémico bajo, su forma de elaboración hace que conserve muchísimos nutrientes.

Chía

Estas semillas que están tan de moda últimamente serán el ingrediente clave para preparar nuestros budines, ya que al mezclarlas con líquidos adquieren una textura gelatinosa. Además, aportan gran cantidad de nutrientes, omega 3 y antioxidantes.

Espirulina

Es una microalga a la que se atribuyen propiedades antioxidantes y antiinflamatorias, además de una gran riqueza en proteínas y vitaminas. Normalmente, se encuentra en polvo y se añade a *smoothies* y jugos.

Harina de espelta

La espelta es en realidad una subespecie del trigo. Tiene un alto contenido en fibra, vitaminas y minerales.

Harina de trigo integral

En muchas recetas usaremos harina de trigo integral, que se obtiene al moler el grano entero (incluyendo el salvado y el germen). Esta harina tiene una cantidad superior de fibra y de nutrientes que la harina de trigo refinada. Si no quieres utilizar harina de trigo, puedes usar un preparado de harina de repostería sin gluten para sustituirla.

Leches y bebidas vegetales

Para facilitar la vida a todos los intolerantes a la lactosa, en las recetas de este libro se utilizan de forma especial la leche de avena y otras bebidas vegetales, como la leche de arroz, de soya, de coco... Por supuesto, también puedes utilizar leche de vaca (en todas sus variedades) si así lo prefieres.

Mantequilla de cacahuate

En la página 48 encontrarás cómo prepararla de manera casera. Si te da pereza hacerla tú misma, puedes comprarla en tiendas de productos naturistas. Hay muchas marcas que comercializan mantequilla cien por ciento de cacahuates, sin aditivos, ni conservadores o ningún tipo de grasa añadida.

Puré de manzana

Es un ingrediente que utilizo una y otra vez. Es un buen sustituto del huevo y evita que las recetas bajas en grasa resulten secas o se desmoronen con facilidad. Para prepararlo, solo tienes que asar las manzanas o cocerlas al vapor y después triturarlas (sin añadir agua ni azúcar). También puedes comprarlo ya preparado en tiendas naturistas. Asegúrate de que sea cien por ciento manzana.

Quinoa

Este pseudocereal, tan utilizado en ensaladas y en otras preparaciones saladas, es perfecto para disfrutar de unos desayunos dulces superenergéticos. La quinoa es muy nutritiva y deliciosa, ¡y no contiene gluten!

Miel de agave

Es increíble la capacidad endulzante de este líquido dorado, que además tiene como ventaja un bajo índice glucémico. Mi recomendación es buscar las variedades menos refinadas para poder disfrutar de todos sus beneficios.

Miel de maple

Habitualmente asociado a los *hot cakes*, esta miel —obtenida de la deshidratación de la savia del arce— aporta dulzor, un sabor delicioso lleno de matices y además es rico en vitaminas y minerales. ¡Ojo! Asegúrate de estar comprando miel de maple y no jarabe para *hot cakes* (cuya composición es totalmente diferente y suele estar altamente procesada).

Miel de arroz integral

Antes era muy difícil encontrarlo en nuestro país, pero ahora puede comprarse en algunas tiendas naturistas y supermercados. Esta miel, baja en calorías, resulta fantástica para la preparación de barritas de cereales, ya que las deja muy crujientes y evita que se desmoronen.

Cómo adaptar los ingredientes a las intolerancias

¿CÓMO SUSTITUYO EL HUEVO EN LAS RECETAS?

Sustitúyelo por puré de manzana (natural o envasado) o por plátano machacado. En ambos casos hay que usar unos 65 mililitros por cada huevo sustituido.

Otra opción es sustituir cada huevo por 1,5 cucharadas de linaza molida más 60 mililitros de agua hirviendo. Se deja reposar la mezcla durante cinco minutos y se utiliza a continuación.

¿Y SI NO PUEDO COMER GLUTEN?

No hay problema. Solo tienes que sustituir la harina de trigo o de espelta por un preparado de harina sin gluten para repostería y la levadura química por una apta para celiacos. Además, recuerda que hay marcas que comercializan las hojuelas de avena sin gluten.

¿Y LA LACTOSA?

Son pocas las recetas que incorporan lactosa en este libro. En todo caso, puedes sustituir sin problemas la nata, la leche y el queso por sus equivalentes sin lactosa.

DESAYUNOS Y MERIENDAS

GRANOLA CON MIEL Y NUECES

Para 26 raciones aproximadamente

450 g de hojuelas de avena

150 g de nueces, peladas

120 g de miel de buena calidad

40 g de azúcar de caña

3 cucharadas de aceite de oliva suave o girasol

2 cucharadas de agua

Puedes servir la granola de muchas formas: con leche fría, con leche caliente, con fruta fresca, con yogur... También puedes utilizarla para preparar un postre rápido y apetitoso: en unos vasitos, intercala capas de granola, yogur griego y frutos rojos. ¡Triunfarás, seguro!

✕ Precalentar el horno a 140 ºC, con calor arriba y abajo, y cubrir la bandeja de horno con papel.

✕ Colocar las hojuelas de avena y las nueces en un bol. Mezclar bien.

✕ En otro bol, mezclar la miel con el azúcar, el agua y el aceite. Incorporar a las hojuelas de avena y remover muy bien hasta que todas las hojuelas estén bien impregnadas por la mezcla.

✕ Extender sobre la bandeja y hornear durante unos 25 minutos o hasta que comience a dorarse. Dejar enfriar por completo antes de consumir o almacenar.

✕ Servir acompañado por un chorrito de miel.

GRANOLA CON CHÍA, AMARANTO Y FRUTAS TROPICALES

Para 30 raciones aproximadamente

450 g de hojuelas de cereales variados

20 g de semillas de linaza dorada

40 g de amaranto

40 ml de agua

100 g de azúcar de caña integral (panela)
o de azúcar de coco

80 g de aceite de oliva suave o girasol

150 g de frutas tropicales deshidratadas

30 g de chispas de chocolate blanco (opcional)

Para preparar esta granola yo he usado hojuelas de avena, cebada, trigo y centeno, pero puedes escoger otras variedades de hojuelas de cereales que te gusten, como amaranto, quinoa... ¡Las posibilidades son infinitas!

× Precalentar el horno a 140 ºC, con calor arriba y abajo, y cubrir una bandeja de horno con papel adecuado.

× Colocar las hojuelas de cereales variados, las semillas de linaza y el amaranto en un bol.

× Mezclar bien el agua y el azúcar e incorporar.

× Añadir el aceite de oliva (o de girasol) y mezclar muy bien hasta que todas las hojuelas estén impregnadas por la mezcla.

× Extender sobre la bandeja y hornear durante unos 25 minutos o hasta que comience a dorarse.

× Una vez frío por completo, incorporar las frutas tropicales, en pequeños trozos, y las chispas de chocolate blanco (opcional). Se puede almacenar o consumir inmediatamente.

GRANOLA DE CHOCOLATE Y COCO

Para 26 raciones aproximadamente

400 g de hojuelas de avena

80 g de aceite de coco, derretido

80 g de miel de agave

80-120 g de chispas de chocolate negro

30 g de chía

80 g de coco deshidratado o rallado

Con estas cantidades puedes hacer granola para el desayuno de una persona durante casi un mes, pero no dudes en duplicarlas si quieres preparar el desayuno para toda la familia. La mejor forma de conservar la granola es en un recipiente hermético, a temperatura ambiente.

✕ Precalentar el horno a 140 ºC, con calor arriba y abajo, y cubrir una bandeja de horno con papel adecuado.

✕ Colocar las hojuelas de avena en un bol. Incorporar el aceite de coco y la miel de agave, y remover muy bien hasta que todas las hojuelas estén impregnadas por la mezcla.

✕ Extender sobre la bandeja y hornear durante 25 minutos o hasta que comience a dorarse.

✕ Sacar la granola del horno, añadir en primer lugar el chocolate negro y remover muy bien hasta que el chocolate se funda y quede bien mezclado con la avena.

✕ Incorporar la chía y el coco deshidratado o rallado, y remover de nuevo.

✕ Dejar enfriar por completo antes de consumir o almacenar.

GRANOLA DE CALABAZA ESPECIADA

Para 30 raciones aproximadamente

90 g de puré de calabaza*

60 ml de aceite suave de oliva o girasol

80 ml de miel de maple

450 g de hojuelas de avena enteras

150 g de nueces

100 g de almendras laminadas

1 cucharadita de canela

½ cucharadita de jengibre en polvo

Una pizca de clavo molido

Una pizca de nuez moscada

Esta es mi receta favorita cuando llega el otoño. ¡Es como desayunar un trozo de pastel de calabaza! Si no sabías qué desayunar cuando llegue Halloween, ¡esta granola será una buena idea!

✕ Precalentar el horno a 140 ºC, con calor arriba y abajo, y cubrir una bandeja de horno con papel adecuado.

✕ En un pequeño bol, mezclar el puré de calabaza con el aceite y la miel hasta que estén bien incorporados. Reservar.

✕ En otro bol, mezclar las hojuelas de avena con las nueces, las almendras laminadas y las especias. Incorporar la mezcla previa de puré de calabaza.

✕ Extender la granola sobre la bandeja y hornear durante 25 minutos o hasta que comience a dorarse.

✕ Esperar a que se enfríe por completo antes de consumir o almacenar.

Para preparar el puré de calabaza solo tienes que asar unos buenos trozos envueltos en papel de aluminio, a 180 ºC en el horno. Cuando estén blanditos, sácalos y hazlos puré. No incorpores agua, no es necesario. Pesa los 90 g que necesitas y puedes usar lo que te sobre para preparar unos deliciosos muffins (véase receta en la página 58). Otra opción es usar puré de calabaza de los que venden ya preparados. ¡Ojo!, que sea cien por ciento calabaza y no lleve otros ingredientes.

MUESLI SUPERENERGÉTICO

Para 25 raciones aproximadamente

60 g de nueces de la India crudas peladas

60 g de almendras crudas peladas

400 g de hojuelas de cereales variados*

60 g de arándanos rojos

60 g de pasas

30 g de pistaches

100 g de semillas variadas (amapola, linaza dorada, girasol...)

2 cucharadas de chía

El muesli se prepara en crudo mezclando hojuelas de cereales, semillas, frutos secos..., mientras que la granola va horneada y entre sus ingredientes se incluyen además un endulzante y grasa. En todo caso, ambas preparaciones tienen formas de consumo similares: con leche, con yogur...

× Tostar las nueces de la India y las almendras. Para ello hay que colocarlas sobre una bandeja de horno cubierta con papel, cuidando que queden bien esparcidos para que estén en una sola capa, y asarlos a 180 ºC, con calor arriba y abajo, durante 10-15 minutos o hasta que empiecen a dorarse. Dejar enfriar por completo.

× Una vez frías, mezclar con el resto de ingredientes.

× Conservar en un bote de vidrio.

*Yo he utilizado avena, cebada, trigo y centeno, pero puedes escoger otras variedades o incluso elegir solo cereales sin gluten.

MUESLI CON AVELLANAS, FRUTOS ROJOS Y CHOCOLATE BLANCO

Para 30 raciones aproximadamente

200 g de avellanas crudas peladas

200 g de hojuelas de cereales variados*

300 g de hojuelas de avena

30 g de semillas de linaza dorada

150 g de chispas de chocolate blanco

25 g de frutos rojos liofilizados

Mi muesli favorito…, ¡con diferencia! Si quieres controlar tu peso puedes evitar el chocolate blanco, pero si eres goloso… ¡¡no te lo pierdas!! Puedes tomarlo con yogur o incluso remojarlo en leche desde el día anterior para obtener un resultado más cremoso.

× Tostar las avellanas. Para ello, hay que colocarlas sobre una bandeja de horno cubierta por papel de hornear. Esparcirlas bien para que estén en una sola capa y tostarlas a 180 ºC, con calor arriba y abajo, durante 10-15 minutos o hasta que empiecen a dorarse.

× Dejar enfriar por completo. Si molestan mucho las pieles de las avellanas, se pueden retirar mientras aún están calientes, frotándolas bien entre dos paños.

× Mezclar las avellanas con el resto de ingredientes.

× Conservar en un bote de vidrio.

*Yo he usado avena, cebada, trigo y centeno, pero puedes escoger otras variedades o incluso elegir solo cereales sin gluten.

BOL DE DESAYUNO CON AVENA, PLÁTANO Y NUECES

Para dos personas (o para una con muy buen apetito)

30 g	de hojuelas de avena enteros
30 g	de hojuelas de avena suaves
240 g	de leche de avena
1	plátano mediano
30 g	de nueces
2 cucharadas	de miel de agave (opcional)

El desayuno perfecto para un día de actividad intensa. Te mantendrá saciado varias horas y cargado de energía para afrontar cualquier reto que se te presente. ¡La mejor forma de empezar el día!

✕ En un cazo, colocar las hojuelas de avena (enteros y suaves) con la leche, y calentar lentamente hasta que la mezcla empiece a espesar. Seguir removiendo mientras espesa para evitar que se pegue. Es importante hacerlo a fuego lento para que se cocine la avena a la vez que absorbe la leche.

✕ Una vez que ha cogido la consistencia deseada, retirar del fuego y añadir la miel de agave.

✕ Cuando esté bien incorporado, añadir el plátano, ligeramente machacado, y las nueces.

BOL DE DESAYUNO CON AVENA CREMOSA Y CHOCOLATE

SIN HUEVO

Para dos personas (o para una muy hambrienta)

50 g de hojuelas de avena suaves

190 ml de leche (puede ser vegetal)

1 cucharada de cacao puro en polvo sin azúcar

1 plátano mediano (100 g sin piel, aproximadamente)

1 cucharada de crema casera de cacao y avellanas

3 cucharadas de miel de maple (opcional)

2 cucharadas de frutos secos variados

Perfecto para esos días en los que necesitas la energía extra del chocolate. Si te gusta experimentar, puedes sustituir la crema casera de cacao y avellanas (véase receta en página 52) por una buena cucharada de mantequilla de cacahuate... ¡La combinación perfecta!

× Echar en un cazo la avena con la leche y calentar a fuego lento hasta que empiece a espesar.

× Incorporar entonces el cacao y remover muy bien hasta que se deshaga por completo (lo mejor es usar un batidor de globo). Seguir removiendo mientras espesa.

× Cuando la mezcla esté bien cremosa y densa, retirar del fuego e incorporar el plátano cortado en rodajas. Aplastarlo bien y remover hasta que se incorpore por completo.

× Añadir finalmente la crema casera de cacao y avellanas, y la miel de maple, y remover hasta que se integren.

× Servir acompañado de frutos secos variados.

BOL DE DESAYUNO CON QUINOA, CHOCOLATE, COCO Y SEMILLAS VARIADAS

Para dos personas (o para una con muy buen apetito)

60 g de quinoa
230 ml de agua
150-200 ml de leche de coco baja en grasa
1 cucharada de cacao en polvo puro sin azúcar
2 cucharadas de miel de agave (opcional)
1 cucharada de chispas de coco o coco rallado
½ cucharada de *chunks* de chocolate
½ cucharada de semillas variadas

¿Quién dijo que la quinoa solo se come en ensalada? Este cereal tan versátil (¡y tan de moda!) nos permite preparar boles de desayuno supervariados cargados de nutrientes. ¡No te lo pierdas!

× Preparar la quinoa. Para ello, lavarla con agua fría hasta que salga perfectamente limpia. Escurrir y colocarla en un cazo junto con los 230 ml de agua. Cocer a fuego medio y dejar que hierva al rededor de 15 minutos o hasta que haya absorbido toda el agua. Si absorbe el agua demasiado pronto, añadir un poco más. Es importante que al final del proceso esté blandita. Una vez bien cocida, escurrir y reservar.

× Para preparar el bol, calentar la leche de coco junto con el cacao hasta que se disuelva.

× Incorporar la quinoa y mezclar muy bien. Retirar del fuego y endulzar al gusto con la miel de agave.

× Servir decorado con las semillas, los *chunks* de chocolate y las chispas de coco.

BOL DE DESAYUNO CON AMARANTO Y PISTACHES

Para dos o tres personas

110 g de amaranto

350 ml de agua

Unas gotas de agua de rosas (opcional)

30 ml leche de avena (o la que más te guste)

40 g de pistaches (algunos más para decorar)

3 cucharadas de miel de agave (opcional)

Un desayuno muy aromático que se puede servir también como postre de inspiración oriental. Si nunca has probado el amaranto, te sorprenderá su textura fina y suave. Recuerda usar pistaches crudos o tostados sin sal.

× Cocer el amaranto. Para ello, ponerlo en un cazo junto con el agua y remover bien. Calentar a fuego medio hasta que comience a hervir y dejar alrededor de 30 minutos o hasta que se haya hinchado, absorbiendo toda el agua, y esté blandito. Remover de cuando en cuando para evitar que se pegue.

× Una vez listo el amaranto, añadir el agua de rosas y mezclar muy bien.

× Incorporar la leche y la miel de agave, y remover de nuevo, hasta obtener una mezcla cremosa.

× Añadir finalmente los pistaches troceados.

× Servir caliente, espolvoreado con pistaches triturados.

BOL DE DESAYUNO CON AVENA
(¡DE UN DÍA PARA OTRO!)

Para dos personas

50 g de mantequilla de cacahuate casera

240 ml de leche de avena

80 g de hojuelas de avena enteros

2-4 cucharadas de miel de agave (opcional)

1 plátano mediano

Para la mantequilla de cacahuate casera

400 g de cacahuates crudos pelados

Un desayuno sano, delicioso y que se prepara la noche anterior... Una vez que lo pruebes, ¡no podrás prescindir de él! Si quieres experimentar, en lugar de hojuelas de avena puedes usar el muesli superenergético de la página 36.

✕ Elaborar en primer lugar la mantequilla de cacahuate casera: precalentar el horno a 180 ºC, con calor arriba y abajo, y tostar los cacahuates durante 10-15 minutos hasta que empiecen a brillar y tengan un color ligeramente dorado. Dejar que se templen un poquito, no totalmente, y triturarlos con el procesador de alimentos o en la licuadora hasta conseguir una pasta homogénea. Se puede almacenar en el refrigerador entre 2 y 4 semanas, o congelarla hasta 6 meses.

✕ Para preparar el bol, poner en un tarro la leche de avena con las hojuelas, la miel de agave y dos cucharadas de mantequilla de cacahuate. Remover muy bien y cerrar el tarro.

✕ Almacenar en el refrigerador durante toda la noche.

✕ Al día siguiente, servir acompañado del plátano, cortado en rodajas, y el resto de la mantequilla de cacahuate. También se puede calentar un poco en el microondas o en un cazo si lo preferimos caliente.

BUDÍN DE CHÍA
CON CANELA Y PASAS

Para dos personas

300 ml de leche de avena (o arroz, coco, soya...)

1 raja de canela

2-4 cucharadas de miel de maple (opcional)

50 g de chía

2-4 cucharadas de pasas

Un desayuno (o merienda) supersaciante y cargado de nutrientes, dedicado a todos los amantes de las pasas y de la canela. Prueba a hacer otras combinaciones, como naranja y cardamomo, arándanos rojos y vainilla...

× Calentar en un cazo la leche con la canela y la miel de maple hasta que empiece a hervir.

× Retirar del fuego y tapar la combinación hasta que la mezcla se enfríe. De esta forma, la leche se infusionará con el delicioso sabor de la canela.

× Una vez fría, retirar la canela y mezclar la chía con la leche en un bote de cristal vacío y limpio. Cerrar bien y agitar hasta que las semillas se repartan por igual.

× Dejar reposar en el refrigerador mínimo 3 horas (o toda la noche). Si es posible, agitar la mezcla un par de veces durante el tiempo de reposo. El budín estará listo cuando la chía haya crecido y la textura de la mezcla sea gelatinosa.

× Incorporar las pasas antes de servir.

BUDÍN DE CHÍA, PLÁTANO Y CREMA CASERA DE CACAO Y AVELLANAS

Para dos personas

150 ml de leche de avena

25 g de chía

1 plátano mediano (100 g sin piel, aproximadamente)

3 cucharadas de crema casera de cacao y avellanas

Avellanas molidas para decorar

Para la crema casera de cacao y avellanas

400 g de avellanas peladas

100 g de chocolate negro

2-4 cucharadas de azúcar de caña integral (opcional)

2 cucharadas de aceite vegetal

Este budín es una verdadera delicia. Además, puedes conservar la crema de cacao y avellanas que prepararás para esta receta en un bote de cristal y usarla para untar tostadas, rellenar cupcakes, o, simplemente, ¡comértela a cucharadas!

× Preparar el budín de chía. Para ello, verter en un bote de cristal vacío y limpio la leche de avena y la chía. Cerrarlo bien y agitar la mezcla hasta que las semillas se repartan por igual.

× Dejar reposar en el refrigerador mínimo 3 horas (o toda la noche). Si es posible, en ese tiempo, agitar de nuevo la mezcla un par de veces. El budín estará listo cuando la chía haya crecido y la textura de la mezcla sea gelatinosa.

× Preparar mientras tanto la crema casera de cacao y avellanas. Tostar las avellanas durante 10 minutos a 160 ºC. Una vez fuera del horno, colocarlas entre dos paños y frotarlas bien para eliminar las pieles. Poner las avellanas en el bol del procesador de alimentos e incorporar el aceite vegetal. Triturar las

avellanas hasta que empiecen a soltar el aceite y se haga una pasta. Añadir entonces el chocolate negro, fundido. ¡Y ya está lista! Se puede ajustar el sabor añadiendo en este momento un poco de azúcar de caña si se desea. Se puede conservar en un bote de cristal, en el refrigerador, de 3 a 4 semanas (se endurecerá un poco, pero puede ablandarse de nuevo con un toque de microondas).

× Cuando el budín esté listo, preparar los vasitos. Aplastar el plátano con un tenedor y repartirlo en los dos recipientes. Colocar encima una buena capa de budín de chía.

× Cubrirlo finalmente con la crema de cacao y avellanas casera, y decorar con las avellanas molidas.

MUFFINS INTEGRALES DE CHOCOLATE Y MANTEQUILLA DE CACAHUATE

Para 10-12 muffins *medianos*

150 g de puré de manzana

1 huevo*

100 g de azúcar de caña integral

1 cucharada de miel de agave

150 g de harina de trigo integral

30 g de cacao

90 ml de leche de avena

1 cucharadita de bicarbonato

9 cucharaditas de mantequilla de cacahuate (véase receta en página 48)

Mis muffins favoritos en el mundo mundial. ¡Por cierto! En lugar de mantequilla de cacahuate, se puede utilizar crema casera de cacao y avellanas para la decoración (véase receta en página 52).

× Precalentar el horno a 180 °C, con calor arriba y abajo, y preparar 9 capacillos (se pueden utilizar moldes de *muffins* o de *cupcakes*) en una bandeja.

× En un bol, mezclar el puré de manzana con el huevo, el azúcar de caña integral y la miel de agave. Reservar.

× Por otro lado, tamizar la harina con el cacao y el bicarbonato. Incorporar esta mezcla a la anterior, alternándola con la leche de avena. Mezclar bien.

× Una vez que la masa sea homogénea, repartirla entre los capacillos (para conseguir unos *muffins* hermosos, es importante que los moldes se llenen casi hasta arriba) y decorar después cada uno con una cucharada de mantequilla de cacahuate con la ayuda de un palillo, haciendo un *swirl* o remolino.

× Hornear 20 minutos o hasta que, al introducir un palillo, este salga limpio.

*Se puede sustituir por 1,5 cucharadas de semillas de linaza molidas más 60 ml de agua hirviendo. Dejar la mezcla reposar 5 minutos y utilizarla a continuación.

MUFFINS INTEGRALES DE PLÁTANO Y *CHUNKS* DE CHOCOLATE NEGRO

Para 10 unidades

220 g de harina integral de trigo

1 cucharadita de bicarbonato

200 g de plátano (2 unidades medianas)

80 ml de aceite suave de oliva, girasol o coco

100 ml de miel de agave

2 huevos*

Una cucharada de hojuelas de avena para decorar

60 ml de leche de avena (u otra de origen vegetal)

50 g de *chunks* de chocolate negro (opcional)

La clave para conseguir unos muffins esponjosos en este caso es no machacar demasiado los plátanos, ya que si se añaden totalmente hechos puré, la miga resulta densa y sin personalidad.

× Precalentar el horno a 180 ºC, con calor arriba y abajo, y poner en la bandeja los capacillos de papel para *muffins*.

× En un bol, mezclar la harina y el bicarbonato con la ayuda de un batidor de globo (dado que la harina integral es complicada de tamizar, es mejor «soltarla» y airearla con el globo). Reservar.

× Machacar ligeramente los plátanos en un cuenco con un tenedor, sin que lleguen a convertirse en puré. Mezclarlos con el aceite, la miel de agave y los huevos.

× Una vez bien integrada la mezcla, añadir la harina con el bicarbonato e incorporar después la leche de avena (o la que se haya elegido) y los *chunks* (si se van a utilizar), reservando algunos para decorar.

× Repartir la masa en los capacillos y decorar los *muffins* con unos *chunks* y unas hojuelas de avena. Hornear durante 22 minutos o hasta que al introducir un palillo este salga limpio. Dejar enfriar por completo en una rejilla antes de consumirlos.

*Se pueden sustituir por 3 cucharadas de linaza molidas más 120 ml de agua hirviendo. Dejar reposar la mezcla durante 5 minutos antes de utilizarla.

MUFFINS INTEGRALES DE CALABAZA

Para 12-15 unidades

180 g de harina de trigo integral ecológica

1 cucharadita de levadura química

1 cucharadita de bicarbonato

1 cucharadita de canela

½ cucharadita de jengibre en polvo

Una pizca de clavo molido

Una pizca de nuez moscada

85 ml de aceite de girasol o de oliva suave

75 ml de puré de manzana*

240 g de puré de calabaza**

1 huevo***

2 cucharadas de miel de agave

100 g de azúcar de caña integral (panela)

200 ml de leche vegetal (elige tu favorita)

1 cucharada de hojuelas de avena

La calabaza es una de las mejores aliadas de nuestros bizcochos: su textura y sabor hacen de estos muffins una verdadera delicia. Las especias nos trasladan con cada bocado directos al otoño.

✕ Precalentar el horno a 180 ºC, con calor arriba y abajo, y preparar la bandeja con los capacillos para *muffins*.

✕ En un bol, mezclar la harina, la levadura, el bicarbonato y las especias. En otro bol, batir el aceite con el puré de manzana, el de calabaza y el huevo. Incorporar la miel de agave y el azúcar de caña integral.

✕ Añadir a esta mezcla la harina y remover mientras añadimos la leche vegetal. Una vez que la masa sea homogénea, repartir la masa en los capacillos, llenándolos casi hasta el borde, y espolvorear unas hojuelas de avena por encima.

✕ Hornear durante 22 minutos o hasta que al introducir un palillo este salga limpio. Dejar enfriar por completo los *muffins* en una rejilla antes de consumirlos.

*Para saber cómo prepararlo, consulta el capítulo de ingredientes.

**Para preparar el puré de calabaza, consulta la receta de la granola de calabaza especiada (página 34).

***Se puede sustituir por 1,5 cucharadas de semillas de linaza molidas más 60 ml de agua hirviendo. Dejar reposar la mezcla 5 minutos y utilizarla a continuación.

MUFFINS INTEGRALES
DE PASTEL DE ZANAHORIA

Para 12-15 unidades

180 g de zanahoria

100 g de nueces picadas

50 g de pasas

160 g de harina integral de trigo

1,5 cucharaditas de levadura

¼ cucharadita de bicarbonato

1 cucharadita de canela

100 ml de aceite de girasol o de oliva suave

60 ml de puré de manzana

2 huevos*

150 g de azúcar de caña integral (panela)

2 cucharadas de miel de maple

Para el topping

1 cucharada de aceite de coco

45 g de hojuelas de avena suaves

30 g de azúcar moreno

Se pueden sustituir por 3 cucharadas de linaza molidas más 120 ml de agua hirviendo. Dejar reposar la mezcla durante 5 minutos y utilizarla a continuación.

Si te gusta el pastel de zanahoria, no podrás resistirte a estos muffins. Son perfectos tanto para desayunar como para el postre o la merienda.

× Precalentar el horno, con calor arriba y abajo, a 180 ºC, y preparar la bandeja con los capacillos para *cupcakes*.

× Mezclar las zanahorias picadas con las nueces y las pasas, y reservar.

× En otro bol, mezclar la harina, la levadura, el bicarbonato y la canela. Reservar.

× Mezclar el aceite con el puré de manzana, los huevos, la miel de maple y la panela. Añadir la mezcla de harina y, cuando la masa sea homogénea, incorporar las zanahorias, las pasas y las nueces. Repartir la masa en los capacillos. Para preparar el *topping* mezcla sus tres ingredientes y espolvoréalo por encima de los *muffins*.

× Hornear durante 22 minutos o hasta que al introducir un palillo este salga limpio. Dejar enfriar los *muffins* por completo en una rejilla.

HOT CAKES INTEGRALES CON SALSA DE FRESAS

Para 16 hot cakes medianos

250 g de harina de trigo integral

25 g de azúcar de caña integral (panela)

4 cucharaditas de levadura química

Una pizca de sal

2 huevos*

500 ml de leche vegetal (puedes usar tu favorita)

1 cucharadita de extracto de vainilla

Para la salsa de fresas

200 g de fresas

2 cucharadas de azúcar de caña integral (panela)

2 cucharadas de agua

½ cucharada de harina de maíz (tipo Maizena)

Estos hot cakes son sencillísimos y rápidos de preparar. Serán el desayuno favorito de los domingos para toda la familia. También puedes utilizar la salsa de fresas para acompañar bizcochos, postres..., o prepararla usando moras, frambuesas, arándanos...

× Para preparar la salsa, calentar las fresas con el azúcar de caña a fuego medio, siempre removiendo. En una licuadora, mezclar bien la harina de maíz con el agua e incorporarla a las fresas cuando empiecen a soltar sus jugos. Cuando comience a hervir y espese, retirar del fuego y reservar.

× En un bol, mezclar la harina con el azúcar de caña, la levadura y la sal.

× En otro, batir los huevos con la leche y la vainilla, e incorporarlos a la harina, utilizando un batidor de globo para que no haya grumos.

× Rociar una sartén con espray antiadherente o aceite. Calentarla a fuego medio y agregar una buena cucharada de masa. Dorarla por ambos lados y repetir la operación hasta acabar toda la masa.

× Servir los *hot cakes* acompañados por la salsa.

*Se pueden sustituir por 3 cucharadas de semillas de linaza molidas más 120 ml de agua hirviendo. Dejar reposar la mezcla 5 minutos y utilizarla a continuación.

HOT CAKES DE
MANTEQUILLA DE CACAHUATE

Para cuatro personas

115 g de harina de espelta integral

2 cucharaditas de levadura química

2 cucharadas de azúcar de caña integral (panela)

1 huevo*

1 cucharada de aceite de oliva

250 ml de leche de avena (o tu leche vegetal favorita)

90 g de mantequilla de cacahuate

Los hot cakes perfectos para todos los amantes de la mantequilla de cacahuate. Son supercontundentes y conforman el desayuno ideal cuando nos espera un día extenuante en la montaña o una dura jornada de trabajo.

✕ En un bol, mezclar bien la harina de espelta con la levadura química y el azúcar de caña.

✕ Batir, en otro cuenco, el huevo con el aceite de oliva. Incorporar la leche de avena y verter esta mezcla sobre los ingredientes secos sin dejar de remover para que no se formen grumos. Cuando la masa sea homogénea añadir la mantequilla de cacahuate y remover hasta que se incorpore por completo.

✕ Rociar una sartén con un poco de espray antiadherente o bien con un poquito de aceite y extenderlo muy bien. Calentarla a fuego medio.

✕ Agregar una buena cucharada de masa en la sartén. Esperar a que se dore por debajo (tardará un minuto más o menos) y darle la vuelta para que se dore por el otro lado. Pasarla a un plato y repetir la operación hasta acabar con toda la masa.

✕ Servir los *hot cakes* acompañados de mantequilla de cacahuate y miel de maple.

*Se puede sustituir por 1,5 cucharadas de semillas de linaza molidas más 60 ml de agua hirviendo. Dejar reposar la mezcla 5 minutos y utilizarla a continuación.

HOT CAKES DE PLÁTANO Y MIEL

Para dos a cuatro personas

1 plátano	
120 ml de leche de avena	
115 g de hojuelas de avena	
2 cucharaditas de bicarbonato	
2 cucharaditas de vinagre de manzana	
2 cucharadas de miel (o miel de maple, al gusto de cada uno)	

Sin huevo y con un delicioso sabor a plátano... ¡No tienen desperdicio! Si no te gusta la miel (o eres vegano) puedes sustituirla por miel de maple o de agave. Y si tienes capricho de chocolate, no dudes en incorporar algunas chispas...

✕ Para preparar estos *hot cakes* se necesita un procesador de alimentos o una licuadora.

✕ Para empezar, triturar el plátano junto a la leche de avena y, cuando la mezcla sea homogénea, incorporar las hojuelas de avena. Triturar hasta que se deshagan por completo. Añadir después el bicarbonato, el vinagre de manzana y la miel (o miel de maple) y triturar de nuevo hasta tener una masa homogénea.

✕ Rociar una sartén con un poco de espray antiadherente o bien con un poquito de aceite, y extenderlo muy bien. Calentarla a fuego medio.

✕ Agregar una buena cucharada de masa. Esperar a que se dore por debajo (un minuto más o menos) y dar la vuelta para que se dore por el otro lado.

✕ Pasar a un plato y repetir la operación hasta acabar con toda la masa.

WAFFLES

Para 6-8 waffles, dependiendo del tamaño

260 g de harina de trigo integral
50 g de harina de avena
1,5 cucharaditas de levadura química
300 ml de leche de avena
60 g de aceite suave de oliva
60 ml de miel de agave
1 cucharadita de extracto de vainilla

Crujientes, veganos y ligeros. Esta es, con diferencia, mi receta favorita de waffles. ¡Desde que empecé a prepararla he olvidado cómo los hacía antes! Me encantan acompañados de fruta fresca y miel de maple.

× Poner a calentar la *wafflera*.

× En un bol, con ayuda de un batidor de globo, mezclar la harina de trigo, la de avena y la levadura. Reservar.

× En otro bol, mezclar el resto de ingredientes. Incorporarlos a la mezcla de las harinas y la levadura, y remover sin parar hasta que tenga una consistencia homogénea.

× Verter una buena cucharada de masa en cada espacio de la *wafflera* y calentar hasta que los *waffles* estén bien doraditos y crujientes. Repetir la operación hasta terminar la masa.

× Servir acompañados de miel de maple o agave, fruta natural, bayas de Goji...

× Estos *waffles* se pueden aromatizar añadiendo canela en polvo en lugar de vainilla, o utilizando ralladura de naranja, de limón, cardamomo en polvo...

GALLETAS DE AVENA Y PASAS

Para 14 unidades

80 ml de aceite de girasol o de oliva suave

100 g de azúcar de caña integral (panela)

2 cucharadas de miel de agave

3 cucharadas de leche de avena

180 g de harina de trigo integral

70 g de hojuelas de avena

1 cucharadita de canela en polvo

1 cucharada de harina de maíz (tipo Maizena)

1 cucharada de semillas de linaza molidas

½ cucharada de semillas de calabaza

40 g de pasas (opcional)

Estas galletas veganas son muy rápidas de preparar y realmente adictivas. Prueba a sustituir las pasas por chispas de chocolate negro para darles un toque más dulce o por arándonos rojos para obtener un sabor más clásico.

✕ Precalentar el horno a 180 ºC, con calor arriba y abajo. Mezclar el aceite de girasol con el azúcar de caña, la miel de agave y la leche de avena. Reservar.

✕ En un bol, mezclar con el batidor de globo la harina de trigo, las hojuelas de avena, la canela, la harina de maíz y las semillas de linaza y calabaza. Incorporar a la mezcla anterior hasta obtener una masa homogénea... ¡Y muy pegajosa! Pero no hay que preocuparse, esa debe ser su consistencia.

✕ Añadir las pasas, dividir después la masa en 12 porciones y darles forma de bola, siempre con las manos mojadas para evitar que se peguen a la piel. Aplastarlas bien y darles la forma final deseada, ya que ni crecen ni modifican su tamaño durante el horneado.

✕ Hornear durante 12 minutos a 180 ºC, con calor arriba y abajo, hasta que las galletas estén bien doradas. Recién salidas del horno estarán blanditas, así que hay que esperar un rato antes de pasarlas a una rejilla, cuando ya tengan una consistencia más firme.

GALLETAS DE COCO Y CHOCOLATE BLANCO

Para 14 unidades

75 g de aceite de coco	
120 g de azúcar de coco	
1 huevo*	
1 cucharada de miel de agave	
150 g de harina de trigo integral	
85 g de hojuelas de avena	
2 cucharadas de coco rallado o chispas de coco	
40 g de chispas de chocolate blanco (opcional)	

Si te gusta el coco, estas galletas no te decepcionarán. Crujientes por los bordes y tiernas por el centro, ¡resultan deliciosas! Si no encuentras el azúcar de coco, sustitúyelo por azúcar de caña integral.

× Precalentar el horno a 180 ºC, con calor arriba y abajo.

× Batir el aceite y el azúcar de coco, e incorporar el huevo y la miel de agave. Añadir la harina integral y las hojuelas de avena. Mezclar todo bien hasta conseguir una masa homogénea; añadir entonces el coco y, opcionalmente, el chocolate.

× Formar 12 bolas y aplastarlas bien sobre una bandeja de horno. Al hacerlo, hay que tener en cuenta que ni crecen ni modifican su tamaño durante el horneado.

× Hornear durante 12 minutos, con calor arriba y abajo. Al salir del horno estarán blanditas, por lo que hay que dejar que se enfríen en la bandeja antes de pasarlas a una rejilla.

*Se puede sustituir por 1,5 cucharadas de linaza molida más 60 ml de agua hirviendo. Dejar reposar la mezcla durante 5 minutos y utilizarla a continuación.

BARRITAS CRUJIENTES DE GRANOLA

Para 18 unidades, aproximadamente

200 g de hojuelas de avena

60 ml de aceite de oliva suave o de aceite de coco

45 ml de agua

80 ml de miel, miel de maple o agave

85 g de azúcar de caña integral (panela)

100 g de semillas variadas (girasol, sésamo, linaza dorada...)

100 g de frutos secos variados

Las barritas perfectas para excursiones de montaña. ¡Adáptalas a tus gustos utilizando los frutos secos que prefieras! Yo guardo un montón congeladas y las echo a la mochila según salgo de casa. ¡Saben como recién horneadas!

✕ En primer lugar, tostar las hojuelas de avena durante 10 minutos a 180 ºC hasta que estén bien aromáticos y brillantes. Dejarlos enfriar un poco mientras se precalienta el horno a 160 ºC, con calor arriba y abajo.

✕ Engrasar un molde rectangular o cuadrado (yo uso uno de 28 x 19 cm) y colocar papel de horno en la base.

✕ En un cazo, calentar el aceite con el agua, la miel y el azúcar de caña integral hasta que este último se disuelva. Retirar del fuego y mezclar bien con las hojuelas de avena, las semillas y los frutos secos.

✕ Poner la mezcla en el molde. Para aplastar bien la masa, lo más sencillo es utilizar otro papel de horno, engrasarlo, y presionar con él la masa hasta que esta quede compacta. Desechar el papel.

✕ A continuación, hornear la masa durante 20 minutos o hasta que esté dorada.

✕ Dejar enfriar por completo antes de desmoldar. Cortar en barritas y envolverlas en papel film. Se conservan cinco días a temperatura ambiente, quince en el refrigerador y tres meses en el congelador.

BARRITAS DE EXCURSIONISTA

Para 14-16 unidades, aproximadamente

230 g de frutos secos crudos variados

35 g de arroz integral hinchado

150 g de frutas deshidratadas

80 ml de miel de arroz integral

Estas barritas, crujientes y deliciosas, son especialmente sencillas de preparar. Pero, ojo, no sustituyas la miel de arroz por la de agave o maple... ¡Las barritas quedarán más quebradizas y frágiles! Yo las conservo en papel de estraza, bien envueltas.

× Engrasar un molde rectangular o cuadrado (yo utilizo uno rectangular de 24 x 18 cm) y colocar un papel de horno en la base. Engrasarlo también con espray para desmoldar. Precalentar el horno a 160 ºC, con calor arriba y abajo.

× Mezclar muy bien los frutos secos con el arroz integral, las frutas deshidratadas (cortadas en trocitos) y la miel de arroz. Poner la mezcla en el molde.

× Para aplastar bien la masa en el molde, utilizar otro papel de horno engrasado y presionar con él la masa hasta que quede compacta. Retirar y desechar el papel.

× Hornear durante 20 minutos con calor arriba y abajo.

× Dejar enfriar por completo antes de desmoldar. Cortar en barritas y envolverlas bien en papel film o estraza. Se conservan durante cinco días a temperatura ambiente, quince en el refrigerador y tres meses en el congelador.

BARRITAS DE CEREALES Y FIBRA PARA DESAYUNAR

Para 18 unidades, aproximadamente

120 ml	de miel de arroz integral
70 g	de mantequilla de cacahuate
160 g	de hojuelas de avena
75 g	de cereales ricos en fibra
20 g	de arroz integral inflado
40 g	de semillas variadas
50 g	de hojuelas de centeno
30 g	de semillas de linaza molidas

Densas y crujientes, estas barritas están pensadas para ser bañadas en leche y comérselas a cucharadas. ¡Es uno de mis desayunos preferidos! Otras veces las hago trocitos y las añado al yogur para merendar.

✕ Engrasar un molde rectangular o cuadrado (yo utilizo uno rectangular de 24 x 18 cm) y colocar un papel de horno en la base. Engrasarlo también con espray para desmoldar. Precalentar el horno a 160 ºC, con calor arriba y abajo.

✕ En un cazo, mezclar la miel de arroz con la mantequilla de cacahuate y calentar lentamente removiendo hasta que se integren por completo. Reservar.

✕ En otro bol, mezclar bien el resto de ingredientes. Añadir la mezcla de miel y mantequilla de cacahuate y mezclar hasta tener una masa homogénea.

✕ Verterla en el molde. Para aplastar bien la masa, lo más sencillo es utilizar otro papel de horno, engrasarlo y presionarla hasta que quede compacta. Retirar y desechar el papel.

✕ Hornear durante 20 minutos con calor arriba y abajo.

✕ Dejar enfriar por completo antes de desmoldar. Cortar en barritas y envolverlas bien en papel film.

✕ Como son muy crujientes, se recomienda comerlas bañadas en leche o yogur.

✕ Se conservan durante cinco días a temperatura ambiente, quince en el refrigerador y tres meses en el congelador.

BARRITAS DE PLÁTANO, QUINOA Y ARÁNDANOS ROJOS

Para 18 barritas

125 g de quinoa cocida y escurrida

1 plátano machacado (100 g aproximadamente)

1 huevo*

80 ml de miel de agave o maple

1 cucharada de aceite

100 g de hojuelas de avena enteras

100 g de hojuelas de centeno

½ cucharadita de bicarbonato

80 g de arándanos rojos deshidratados

50 g de chispas de chocolate blanco (opcional)

Unas barritas superjugosas cargadas de nutrientes y energía, que podrás guardar fresquitas en tu refrigerador. Si quieres experimentar, no dudes en sustituir los arándanos rojos por otras frutas deshidratadas que te gusten.

× Engrasar un molde rectangular o cuadrado (yo uso uno de 24 x 18 centímetros) y colocar un papel de horno engrasado en la base.

× Precalentar el horno a 160 °C, con calor arriba y abajo.

× En un bol, mezclar todos los ingredientes hasta lograr una masa uniforme. Poner la mezcla en el molde. Para aplastar bien la masa, lo más sencillo es utilizar otro papel de horno, engrasarlo, y presionar con él la masa hasta que esta quede compacta. Desechar el papel.

× Hornear durante 30-40 minutos, hasta esté bien dorada.

× Dejar enfriar por completo y refrigerar al menos 3 horas antes de cortar las barritas. Envolver bien en film.

× Se conservan 15 días en el refrigerador o 3 meses en el congelador.

Se puede sustituir por 1,5 cucharadas de semillas de linaza molidas, más 60 ml de agua hirviendo. Dejar reposar la mezcla 5 minutos y utilizarla a continuación.

GALLETITAS DE AVENA Y PLÁTANO PARA BEBÉS

Para 12-18 unidades, aproximadamente

2 cucharadas de aceite de oliva
25 g de harina integral
100 g de hojuelas de avena
60 g de puré de manzana*
1 plátano

Mis favoritas para añadir a la papilla de Bruno. Mucho más naturales que las que se venden ya elaboradas. Ajusta el tiempo de horneado a tus preferencias y añade unos minutos más si quieres que queden bien crujientes.

× Precalentar el horno a 180 ºC, con calor arriba y abajo. Cubrir una bandeja de horno con papel.

× Colocar todos los ingredientes en una licuadora o en un procesador de alimentos. Triturar muy bien hasta tener una masa pastosa. Vaciar cucharadas de esta masa sobre una bandeja de horno y extenderlas para que queden finitas. Se les puede dar forma con las manos mojadas, para evitar que se peguen.

× Hornear durante 12-15 minutos, con calor arriba y abajo, hasta que se doren por los bordes.

× Dejar enfriar un poco antes de pasarlas a una rejilla y por completo antes de consumirlas.

*Para prepararlo, consulta el capítulo de ingredientes.

POSTRES Y OCASIONES ESPECIALES

PASTEL DE CHOCOLATE

**Para un molde de 20 centímetros
(18 porciones aproximadamente)**

50 g de cacao

2 cucharaditas de levadura química

60 g de harina de avena integral

6 huevos*

250 g de puré de manzana

120 ml de miel de agave

El pastel perfecto para los amantes del chocolate negro. Con muy poquitos ingredientes lograrás uno de los bizcochos más jugosos que he probado. Decóralo con tu crema de chocolate favorita para impresionar a todos tus conocidos.

✕ Precalentar el horno a 180 ºC, con calor arriba y abajo, y engrasar un molde redondo de 20 centímetros. Colocar un papel en la base.

✕ En un bol, tamizar el cacao con la levadura química y la harina de avena. Reservar.

✕ Por otro lado, batir los huevos con el puré de manzana y la miel de agave. Incorporar esta mezcla a los ingredientes secos y remover hasta obtener una masa homogénea.

✕ Verter la masa en el molde y hornear entre 45 y 55 minutos o hasta que al introducir un palillo este salga limpio. Esperar a que se temple para desmoldar. Dejar enfriar sobre una rejilla.

✕ Para decorar puedes utilizar la *mousse* de chocolate negro de la página 96 o preparar un *ganache* de chocolate y coco. Para hacer este último, trocear 150 g de chocolate negro en un bol. A continuación, calentar 120 ml de leche de coco hasta que comience a hervir. Verterla sobre el chocolate, esperar unos segundos para que se ablande y remover con un batidor de globo hasta que emulsione. El resultado será un *ganache* perfecto para decorar.

Se pueden sustituir por 9 cucharadas de linaza molida más 360 ml de agua hirviendo. Dejar reposar la mezcla durante 5 minutos y utilizarla a continuación.

PASTEL DE ZANAHORIA

Para un molde de 20 centímetros
(18 porciones aproximadamente)

225 g de zanahoria pelada y picada o rallada finamente

225 g de manzana pelada y picada o rallada finamente

60 g de pasas doradas

60 g de nueces peladas y troceadas

100 ml de aceite suave de oliva o de aceite de coco

180 g de azúcar de coco o de caña integral (panela)

3 huevos*

210 g de harina de trigo integral

2 cucharaditas de bicarbonato

Para decorar

140 g de queso de untar 0 % materia grasa (puedes usar queso de untar vegano si lo prefieres)

3 cucharadas de miel de agave

Ideal para celebrar cumpleaños y ocasiones especiales, este pastel nunca decepciona. Sin la cobertura, se convierte en un bizcocho de zanahoria superjugoso que te acompañará en tus desayunos y meriendas.

× Precalentar el horno a 180 ºC (con calor arriba y abajo) y engrasar un molde redondo de 20 centímetros. Colocar un papel en la base para facilitar el desmoldado.

× Mezclar la zanahoria, la manzana, las pasas y las nueces. Reservar.

× En un bol, mezclar el aceite con el azúcar de coco y los huevos. Incorporar la harina con el bicarbonato. Cuando la masa sea homogénea, añadir la mezcla de zanahoria y mezclar bien.

× Verterla en el molde y hornear entre 55 y 65 minutos, o hasta que al introducir un palillo este salga limpio. Esperar a que se temple para desmoldar. Enfriar por completo sobre una rejilla.

× Para finalizar, mezclar el queso con la miel de agave hasta tener una mezcla homogénea y utilizarla para decorar el pastel.**

Se pueden sustituir por 4,5 cucharadas de linaza molidas y 180 ml de agua hirviendo. Dejar reposar la mezcla durante 5 minutos y utilizarla a continuación.

**Al no llevar azúcar glas ni mantequilla, esta cobertura se cuartea al cabo de unas horas. Por ello, es mejor decorar el pastel justo antes de servirlo o de presentarlo.*

TRUFAS

Para 12-15 trufas

100 g de nueces peladas

150 g de arándanos rojos deshidratados

100 g de dátiles deshuesados*

2 cucharadas de miel de agave o miel (opcional)

Coco rallado

Cacao en polvo sin azúcar (0 % materia grasa)

Una versión energética y saludable de las clásicas trufas. Cúbrelas con cacao en polvo para dar un sabor intenso a chocolate; con coco, para un sabor más tropical; o déjalas tal cual. En cualquier caso, no te decepcionarán.

× Triturar con el procesador de alimentos las nueces hasta que estén finamente picadas. Añadir el resto de ingredientes y triturar durante 5 minutos o hasta que la mezcla se empiece a agolpar.

× Refrigerar durante 10 minutos para que la masa sea más fácil de manipular. A continuación, hacer las bolitas con ella.

× Una vez listas, cubrirlas con coco rallado o con cacao en polvo sin azúcar.

× Se conservan en el refrigerador hasta una semana y congeladas hasta tres meses.

*Si los dátiles están muy duros, dejarlos en remojo durante 30 minutos en agua caliente para que se ablanden.

ANGEL FOOD DE CARAMELO

Para un molde de Angel food cake de 18 centímetros (18 porciones aproximadamente)

6 claras de huevo	
1 cucharadita de crémor tártaro	
200 g de azúcar de caña integral tipo panela	
60 g de harina de trigo integral	

Aunque el uso de azúcar de caña integral haga que su miga sea un poco más densa que la del original, el sabor que proporciona es increíble. El aroma de toffe y melaza es inigualable.

× Precalentar el horno a 170 ºC, con calor arriba y abajo.

× Colocar en un bol de batidora las claras de huevo y el crémor tártaro y batir a velocidad media-alta.

× Cuando empiecen a hacer espuma, añadir poco a poco el azúcar, cucharada a cucharada. Batir hasta tener un merengue firme y brillante.

× Añadir la harina en dos veces y mezclar con una espátula de forma envolvente con mucho cuidado de que no se baje. Es muy importante seguir mezclando hasta que toda la harina se integre y no quede ningún resto de harina suelto.

× Repartir la masa en el molde (¡no engrasar el molde bajo ningún concepto!), con cuidado de no dejar burbujas, hasta arriba y hornear durante 40 minutos. No abrir el horno antes de pasados 35 minutos, ya que se corre el riesgo de que se baje.

× Nada más sacarlo del horno, colocar el molde boca abajo, de forma que se sujete por las patitas que incorpora. Esto es fundamental para que el bizcocho no encoja.

× Una vez frío, sacarlo con cuidado. Para ello, deslizar una espátula por los bordes del molde, despegando el bizcocho con cuidado. Después, dar la vuelta, desmontar el molde y despegarlo también de esa zona.

PANNA COTTA DE COCO Y *COULIS DE MANGO*

Para cuatro personas

*Para la **panna cotta***

400 ml de leche de coco

2 cucharaditas de extracto de vainilla

2 g de agar agar

*Para el **coulis de mango***

150 g de mango

2 cucharadas de agua

1 cucharada de zumo de limón

2 cucharadas de azúcar de caña integral (panela)

La panna cotta más fácil de preparar de la historia: es vegana y lleva tan solo tres ingredientes. Si además la acompañas de este sencillo coulis de mango sorprenderás a todos tus invitados con un postre de lo más tropical.

× Mezclar la leche de coco con el extracto de vainilla y el agar agar, y dejar reposar unos minutos para ayudar a que se disuelva este último.

× En un cazo, calentar la mezcla hasta que comience a hervir y esperar un par de minutos para que el agar agar desarrolle todo su potencial gelificante.

× Verter la mezcla en unos vasitos y dejar enfriar: primero, a temperatura ambiente; después, durante 3 o 4 horas en el refrigerador.

× Para preparar el *coulis* de mango, cortar esta fruta en trocitos y reservar. Mezclar el agua, el zumo de limón y el azúcar de caña en un cazo, incorporar el mango y calentar hasta que se ablande y se disuelva el azúcar de caña. Retirar del fuego y triturar con la licuadora o usando el colador.

× Servir la *panna cotta* acompañada por el *coulis* frío o caliente.

MOUSSE DE CHOCOLATE NEGRO

Para dos a cuatro personas

1 aguacate grande maduro

30 g de cacao puro

25 g de aceite de coco

50 ml de miel de agave

30 ml de leche de avena

Una mousse que impresiona por su cremosidad y su intenso sabor a chocolate… ¡Y que además es vegana! Prepárala con antelación y disfrútala fría (o cómetela recién hecha…, ¡no tiene desperdicio!). ¡Ah! Y no, no sabe a aguacate.

✕ En el vaso de una licuadora o de un procesador de alimentos, colocar el aguacate con el cacao y el aceite de coco, fundido, y mezclar hasta que estén bien integrados.

✕ Incorporar el resto de ingredientes y volver a mezclarlos hasta obtener una textura cremosa y sin restos visibles de aguacate.

✕ Vaciar en unos vasitos y refrigerar durante una hora antes de servir.

PASTEL DE PLÁTANO PARA EL PRIMER CUMPLEAÑOS

Para dos moldes de layer cake de 15 centímetros

4 plátanos maduros grandes (500 g)

180 g de puré de manzana

3 cucharaditas de extracto de vainilla

270 g de harina de trigo integral

1 cucharadita de bicarbonato

Para decorar

Nata montada sin azúcar

Es el bizcocho perfecto para los más pequeños de la casa y pueden tomarlo tan pronto como hayan introducido la alimentación complementaria y el gluten. Decorado con nata montada (si ya están tomando lácteos), es el pastel perfecto para su primer cumpleaños.

✕ Precalentar el horno a 180 ºC, con calor arriba y abajo, y engrasar dos moldes de *layer cake* de 15 centímetros de diámetro.*

✕ En el bol de la batidora, colocar los plátanos machacados y mezclarlos con el puré de manzana y la vainilla. Cuando la mezcla sea homogénea, incorporar la harina integral mezclada con el bicarbonato (dado que la harina integral es complicada de tamizar, bastará con «soltarla» y airearla con un batidor de globo).

✕ Repartir la mezcla entre los dos moldes y hornear durante 30 minutos o hasta que al introducir un palillo este salga limpio.

✕ Dejar templar antes de desmoldar y enfriar después por completo sobre una rejilla. Una vez fríos, se decoran con la nata montada sin azúcar.

*Si se utiliza un molde alto de 15 centímetros de diámetro, el tiempo de horneado será aproximadamente de una hora. Si el molde no es desmontable, es conveniente poner un papel en la base para facilitar el desmoldado.

CHEESECAKE LIGERO DE VAINILLA CON FRESAS

**Para un molde de 18-20 centímetros de diámetro
(15 porciones aproximadamente)**

Para la base

150 g de harina de avena

60 g de aceite de coco

1 cucharada de miel de agave

Para el relleno

500 g de queso batido o de queso tipo Quark 0 % materia grasa

300 g de queso crema 0 % materia grasa

80 g de miel de agave

1 huevo*

3 cucharaditas de extracto de vainilla

Para decorar

Salsa de fresas naturales (página 62)

Ligero y delicioso, nadie sabrá diferenciarlo del clásico NY Cheesecake. Y lo más importante: ¡no olvides que este cheesecake necesita varias horas de refrigeración antes de que puedas disfrutar de él!

× Precalentar el horno a 165 ºC, con calor arriba y abajo, y engrasar un molde de 18 centímetros de diámetro. Colocar un papel de horno en la base para facilitar el desmoldado. Mezclar la harina de avena con el aceite de coco, fundido, y la miel de agave. Extender esta pasta por la base del molde con una cuchara mojada. Refrigerar.

× Mezclar en un bol los ingredientes del relleno. Verter la mezcla en el molde, sobre la base, y hornear durante 70 minutos, con calor arriba y abajo, hasta que comience a dorarse y haya cuajado prácticamente por completo. Apagar el horno y dejar que se enfríe con el *cheesecake* dentro.

× Después, refrigerarlo durante al menos cuatro horas antes de desmoldarlo.

× Cuando el *cheesecake* este frío, decorar con la salsa.

Se puede sustituir por 1,5 cucharadas de linaza molidas y 60 ml de agua hirviendo. Dejar reposar la mezcla durante 5 minutos y utilizarla a continuación.

BUDÍN DE CHÍA
CON CHOCOLATE Y PLÁTANO

Para dos personas

270 ml de leche de avena (o arroz, coco, soya...)

30 g de cacao en polvo sin azúcar

2-4 cucharadas de miel de agave (opcional)

40 g de chía

1 plátano (opcional)

1 cucharada de chispas de chocolate (opcional)

Puedes preparar este budín en dos versiones: triturándolo una vez esté gelatinoso, o con las semillas de chía enteras. En ambos casos, estoy segura de que se convertirá en uno de tus postres (o meriendas) favoritos. Es saciante, delicioso y supersencillo de preparar.

× En un cazo, calentar la leche con el cacao y la miel de agave hasta que el cacao se disuelva. Retirar del fuego y esperar hasta que la mezcla se enfríe.

× Una vez fría, mezclar la chía con la leche en un bote de cristal vacío y limpio. Cerrar bien y agitar hasta que las semillas se repartan por igual.

× Dejar reposar en el refrigerador mínimo 3 horas (o toda la noche). Si es posible, en ese tiempo, agitar la mezcla un par de veces, para que se mezcle aún mejor. El budín estará listo cuando la chía haya crecido y la textura de la mezcla sea gelatinosa.

× Se puede servir decorado con plátano y chispas de chocolate.

BROWNIE

Para un brownie 24 x 18 centímetros
(14-16 porciones aproximadamente)

60 g	de mantequilla de almendra*
2	huevos**
80 ml	de miel de maple
60 ml	de aceite de oliva suave o de girasol
50 g	de azúcar integral de caña
60 g	de harina de avena
90 g	de cacao en polvo (0 % azúcares añadidos)
Un puñado	de chispas de chocolate negro (opcional)

Denso, chocolateado y sin azúcar refinado. Lo tiene todo para convertirse en tu capricho favorito. Recuerda no hornearlo demasiado o se secará. ¡La clave para un brownie delicioso es sacarlo a tiempo del horno!

✕ Engrasar un molde rectangular o cuadrado (yo utilizo uno rectangular de 24 x 18 cm) y colocar un papel de horno en la base. Precalentar el horno a 160 ºC con calor arriba y abajo.

✕ Batir la mantequilla de almendra con los huevos, la miel de maple y el aceite. Incorporar el azúcar integral de caña. Cuando se haya mezclado bien, añadir la harina de avena tamizada con el cacao y mezclar muy bien. Incorporar la mitad de las chispas (si se van a usar).

✕ Repartir la masa en el molde y espolvorear el resto de las chispas por encima.

✕ Hornear durante 20-25 minutos con calor arriba y abajo. Dejar enfriar un poco antes de desmoldar. Cuando más rico resulta es cuando aún está calentito...

Puedes usar mantequilla de avellana o de cacahuate, aunque esta última cambiará un poco el sabor final.

**Se pueden sustituir por 3 cucharadas de linaza molidas más 120 ml de agua hirviendo. Dejar reposar la mezcla durante 5 minutos y utilizarla a continuación.*

APPLE CRUMBLE

Para tres o cuatro personas

Para el relleno

½ **kg** de manzanas reinetas (o tus favoritas)

1 **cucharada** de zumo de limón

25 **g** de azúcar de caña integral o de azúcar de coco

½ **cucharadita** de canela

*Para el **crumble***

2 **cucharadas** de aceite de coco

40 **g** de hojuelas de avena suaves

1 **cucharada** de hojuelas de centeno

20 **g** de azúcar de caña integral o de azúcar de coco

½ **cucharadita** de canela

El postre perfecto cuando llega el otoño y apetece algo calentito para terminar la comida... Eso sí, no dudes en prepararlo con peras o, cuando llegue el verano, melocotones, nectarinas o ciruelas. ¡Es riquísimo en todas sus versiones!

× Pelar y cortar las manzanas en dados pequeños. Mezclarlas en un bol con el zumo de limón, el azúcar de caña y la canela.

× Repartir la mezcla en los recipientes (pueden ser individuales o uno grande para toda la mezcla) y reservar. Es importante llenarlos bien ya que, al hornearlas, las manzanas reducen mucho su tamaño.

× En un bol, mezclar el aceite de coco, fundido, con las hojuelas de avena y centeno, el azúcar integral y la canela. Esparcir esta mezcla por encima de los recipientes.

× Hornear a 180 °C con calor arriba y abajo durante 30 minutos o hasta que al picar las manzanas con un cuchillo se noten bien blanditas.

× Servir caliente. Puede acompañarse con una bola de *nice cream* (véase receta en la página 112).

BUNDT CAKE DE LIMÓN Y JENGIBRE

Para un molde bundt *de 9 o 10 tazas*
(18 porciones aproximadamente)

250 g de harina de trigo integral

1 cucharadita de levadura química

½ cucharadita de bicarbonato

2 limones (la ralladura y el zumo)

4 huevos*

200 ml de miel de agave

100 ml de aceite suave

120 ml de leche de avena

Un dado de 1 cm² de jengibre fresco pelado y rallado

Este bundt es muy refrescante ¡y perfecto para el verano! Si te gusta experimentar, prepáralo con naranja o con una mezcla de lima y limón. O sírvelo acompañado de la salsa de fresas naturales de la página 62.

✕ Precalentar el horno a 180 ºC, con calor arriba y abajo. Engrasar un molde *bundt* de 9 o 10 tazas.**

✕ En un bol, mezclar la harina de trigo con la levadura química y el bicarbonato (dado que es complicado tamizar la harina integral, bastará con «soltarla» y airearla un batidor de globo). Reservar.

✕ En otro bol, mezclar la ralladura y el zumo de limón con los huevos, la miel de agave, el aceite y la leche. Batir y, cuando la mezcla sea homogénea, añadir el jengibre rallado.

✕ Incorporar los ingredientes líquidos a los secos, removiendo muy bien para que no se formen grumos.

✕ Cuando la masa sea homogénea, verterla en el molde y hornear en torno a 55 minutos o hasta que al introducir un palillo este salga limpio.

✕ Dejar enfriar durante 15 minutos antes de desmoldar. Después, dejar enfriar por completo sobre una rejilla.

Se pueden sustituir por 6 cucharadas de linaza molidas mezcladas con 240 ml de agua hirviendo. Dejar reposar la mezcla durante 5 minutos y utilizarla a continuación.

**Si no tienes un molde bundt puedes usar un molde redondo de 25 centímetros con un agujero en el centro (llamado de rosca o corona).*

MEGACOOKIE

**Para una cookie de 20 centímetros
(18-20 porciones aproximadamente)**

60 g de aceite de coco

60 ml de puré de manzana*

80 g de miel de agave

100 g de azúcar de caña integral (panela)

200 g de harina de trigo integral

1 cucharadita de levadura química

30 g de nueces peladas

35 g de *chunks* de chocolate con leche (opcionales)

30 g de chocolate negro sin azúcar (opcional)**

La versión más saludable de la supercookie, que seguro has tomado de postre muchas veces en restaurantes de cocina americana. Sírvela acompañada con una bola de nice cream de chocolate para tener una experiencia absolutamente celestial.

✕ Engrasar una sartén de hierro colado o, si no se dispone de una, un molde de 20 centímetros.

✕ Precalentar el horno a 180 ºC, con calor arriba y abajo.

✕ En un bol, mezclar el aceite de coco, fundido, con el puré de manzana, la miel de agave y el azúcar de caña integral.

✕ Incorporar la harina de trigo integral, mezclada con la levadura química (dado que es complicado tamizar la harina integral, es mejor «soltarla» y airearla con el batidor de globo). Incorporar las nueces y los *chunks* de chocolate (si se desea).

✕ Extender la masa en el molde y hornear durante unos 20 minutos, hasta que comience a dorarse por fuera, pero siga blandita por el centro.

✕ Dejar enfriar un poco y, justo antes de servir, decorar la *megacookie* con el chocolate negro, fundido.

* Consultar su preparación el apartado «Ingredientes» (página 21).

** El chocolate negro es opcional, ¡pero recomendable para los golosos!

NICE CREAM BÁSICO

NICE CREAM DE FRUTOS ROJOS

Después de probar estos helados, nunca olvidarás tener plátanos en tu congelador... La receta básica te proporcionará la base para hacer muchas y sabrosas adaptaciones y estoy segura de que una vez que empieces a prepararlas, no podrás parar. ¡La imaginación es el límite!

Para dos personas

3 plátanos maduros

Miel o miel de maple (opcional)

- ✕ Trocear los plátanos maduros y congelarlos dentro de una bolsa *zip* de congelación.

- ✕ Cuando estén bien duros (en torno a 6 horas), triturarlos con la licuadora o el procesador de alimentos hasta que se haga un helado muy denso. Se puede incorporar miel o miel de maple si se quiere que quede más dulce.

- ✕ Consumir en el momento o guardar en el congelador para comerlo más adelante.

Para dos personas

Nice cream básico

100 g de frutos rojos congelados

2 cucharadas de frutos rojos deshidratados

- ✕ Añadir los frutos rojos al helado cuando esté listo y batir durante unos segundos más, hasta que se repartan por completo.

- ✕ Servir acompañado de frutos rojos deshidratados.

NICE CREAM DE CHOCOLATE

Para dos personas

Nice cream básico

3-5 cucharadas de cacao (0 % azúcares añadidos)

Un puñadito de chispas de chocolate negro (opcional)

1 cucharada de granillo de almendra

Para los amantes del chocolate, no dudes en añadirle tus toppings favoritos: frutos secos, trocitos de galleta, frutos rojos..., o incluso un toque de extracto de menta o de pasta de avellanas para desarrollar un sinfín de sabores.

× Mezclar todos los ingredientes juntos hasta obtener un helado cremoso de chocolate.

× Incorporar las chispas de chocolate negro al final y decorar con el granillo de almendra.

BUNDT CAKE
DE CHOCOLATE Y AGUACATE

Para un molde bundt *de 9-10 tazas**
(20 porciones aproximadamente)

1 aguacate mediano maduro	
250 g de azúcar de coco o panela	
1 cucharadita de extracto de vainilla	
60 ml de aceite de coco o girasol	
65 g de cacao puro (0 % azúcares añadidos)	
1 cucharadita de levadura química	
1 cucharadita de bicarbonato	
375 g de harina de trigo integral	
500 ml de leche de almendras, de avena o de soya	

La textura sedosa de este bundt cake radica en la utilización del aguacate en su preparación. ¡Nadie creerá que es uno de sus ingredientes! Fácil y sencillo, se conserva jugoso muchos días, aunque también lo puedes congelar, envuelto en film, y disfrutarlo en otra ocasión.

✕ Precalentar el horno a 180 ºC, con calor arriba y abajo, y engrasar un molde *bundt* de 9 o 10 tazas con espray para desmoldar.

✕ Deshuesar y pelar el aguacate. Machacarlo con un tenedor. Mezclarlo bien con el azúcar, la vainilla y el aceite de coco.

✕ Por otro lado, tamizar el cacao con la levadura y el bicarbonato, y mezclarlo bien con la harina integral utilizando un batidor de globo (la harina integral es difícil de tamizar, ya que contiene partes del salvado y germen, que no pasan la red por su grosor).

✕ Añadir de forma alterna los ingredientes secos y la leche a la mezcla inicial.

✕ Cuando la masa sea homogénea, verterla en el molde y hornear —con calor arriba y abajo— durante 55 minutos o hasta que al introducir un palillo este salga limpio.

✕ Dejar enfriar durante 15 minutos antes de desmoldar. Después, dejar enfriar por completo sobre una rejilla.

*Si no se tiene un molde bundt, se puede sustituir por un molde redondo de 25 centímetros con agujero en el centro (llamado de rosca o corona).

CUPCAKES DE CHOCOLATE Y MANTEQUILLA DE CACAHUATE

Para 12 cupcakes

2 huevos*

115 ml de leche de avena

80 ml de aceite suave

60 ml de miel de agave

1 cucharada de melaza

35 g de cacao puro sin azúcar (0 % materia grasa)

1 cucharadita de levadura química

½ cucharadita de bicarbonato

120 g de harina de trigo integral

60 g de azúcar de coco o de caña integral (panela)

Para decorar

200 g de queso crema 0 % materia grasa (puedes usar queso de untar vegano si lo prefieres)

3 cucharadas de mantequilla de cacahuate

3 cucharadas de miel de agave (al gusto)

30 g de chocolate negro

Granillo de chocolate

*Se pueden sustituir por 3 cucharadas de linaza molidas, mezcladas con 120 ml de agua hirviendo. Dejar reposar la mezcla durante 5 minutos y utilizarla a continuación.

**Al no llevar azúcar glas ni mantequilla, esta cobertura se cuartea pasadas unas horas. Es recomendable decorar los cupcakes justo antes de servirlos o de presentarlos.

Sin duda, mis favoritos: tengo una debilidad especial por la mezcla de chocolate negro y mantequilla de cacahuate... El bizcocho es especialmente jugoso y chocolateado, y la crema tiene un puntito de acidez que me vuelve loca.

× Precalentar el horno a 180 ºC, con calor arriba y abajo, y colocar 12 capacillos en el molde para cupcakes.

× Mezclar los primeros cinco ingredientes. Reservar.

× En otro bol, tamizar el cacao con la levadura química y el bicarbonato. Añadir la harina y el azúcar, y mezclar. Incorporar los ingredientes líquidos a los secos, removiendo para que no se formen grumos.

× Cuando la masa sea homogénea, repartirla entre los capacillos. Hornear de 20 a 22 minutos o hasta que al introducir un palillo este salga limpio. Dejar enfriar completamente sobre una rejilla.

× Para decorar, mezclar el queso, la mantequilla de cacahuate y la miel de agave con un batidor de globo. Decorar los cupcakes con espátula o manga pastelera.** Puedes dar el toque final con chocolate fundido y granillo de chocolate.

RED VELVET

Para 12-15 unidades (en función del tamaño de los capacillos)

Para los cupcakes

150 g de remolacha cocida y en puré

80 ml de aceite de oliva suave o de girasol

160 g de azúcar de caña integral (panela)

1 huevo*

30 ml de miel de agave

180 g de harina de trigo integral

1 cucharadita de bicarbonato

1,5 cucharadas de cacao 0 % materia grasa

60 ml de leche de avena

1 cucharadita de vainilla

Para decorar

250 g de queso crema 0 % materia grasa (puedes usar queso de untar vegano si lo prefieres)

3 cucharadas de miel de agave o miel (al gusto)

* Se puede sustituir por 1,5 cucharadas de semillas de linaza molidas más 60 ml de agua hirviendo. Dejar reposar la mezcla 5 minutos y utilizarla a continuación.

** La remolacha puede teñir la crema pasadas unas horas. Te recomiendo que decores los cupcakes justo antes de servirlos o de presentarlos.

Sin colorantes artificiales, estos red velvet consiguen su color característico gracias a la remolacha, ¡y son deliciosos! Compra las remolachas ya hervidas si no quieres complicarte la vida, pero, ojo..., ¡que no sean las que vienen en vinagre!

✕ Precalentar el horno a 180 ºC, con calor arriba y abajo, y preparar los capacillos en una bandeja para *cupcakes*.

✕ Mezclar el puré de remolacha con el aceite, el azúcar de caña integral, el huevo y la miel de agave, hasta que esté todo bien integrado.

✕ Incorporar la harina de trigo integral, mezclada con el bicarbonato.

✕ Incorporar el cacao, tamizado. Añadir finalmente la leche de avena y la vainilla.

✕ Repartir la masa en los capacillos. Hornear durante 20-22 minutos, o hasta que al introducir un palillo este salga limpio. Dejar enfriar sobre una rejilla.

✕ Para decorar los *cupcakes*, se mezclan bien, un batidor de globo, el queso y el agave o la miel. Decorar los *cupcakes* con ayuda de una espátula o con la manga pastelera y migas de *cupcake*.**

DONAS DE CANELA Y CHOCOLATE NEGRO AL HORNO

Para 9 unidades

110 g de harina de trigo integral

90 g de azúcar de coco o de caña integral (panela)

½ cucharadita de levadura

1 cucharadita de canela

15 ml de aceite

1 huevo*

95 ml de leche de avena

80 g de chocolate negro (para decorar)

Fideos de chocolate (*sprinkles*)
o con trocitos de frutos secos (opcional)

Una masa muy líquida que crea unas donas esponjosas y bajas en grasa... ¡Deliciosas! Decóralas con chocolate negro y sprinkles para sorprender a los más pequeños de la casa. Prueba a sustituir la canela por vainilla para un sabor aún más clásico.

✕ Precalentar el horno a 180 ºC, con calor arriba y abajo, y engrasar el molde de dónuts para horno.**

✕ Con un batidor de globo, mezclar la harina de trigo con el azúcar de coco, la levadura y la canela. Reservar.

✕ En un bol, mezclar el aceite con el huevo, la leche y la miel de maple. Incorporar esta mezcla al bol de ingredientes secos sin dejar de remover.

✕ Cuando la masa sea homogénea, echarla en los moldes, llenando cada uno de ellos hasta tres cuartas partes.

✕ Hornear durante 12-15 minutos o hasta que estén doraditos y al introducir un palillo este salga limpio. Dejar enfriar un poco antes de desmoldar.

✕ Para decorarlos, fundir el chocolate negro en un bol y bañar cuidadosamente cada dona. Se pueden espolvorear además con unos *sprinkles* o con trocitos de frutos secos.

*Se puede sustituir por 1,5 cucharadas de semillas de linaza molidas más 60 ml de agua hirviendo. Dejar reposar la mezcla 5 minutos y utilizarla a continuación.

**También se puede utilizar una máquina para hacer donas tipo sandwichera, pero saldrán más unidades, ya que los huecos suelen ser más pequeños. Hay que ajustar el tiempo de cocción al tamaño de las donas.

BUNDT CAKE DE ESPELTA, MANZANA Y CANELA

Para un molde bundt de 9-10 tazas*
(20 porciones aproximadamente)

340 g de manzana (2 manzanas grandes)
1 cucharada de zumo de limón
280 ml de aceite de oliva suave o de aceite de coco
250 g de azúcar de caña integral (panela)
1 cucharada de miel de agave
3 huevos**
200 ml de puré de manzana
200 g de harina integral de trigo
200 g de harina integral de espelta
1 cucharadita de bicarbonato sódico

Este delicioso bizcocho de manzana hará las delicias de toda la familia. Es la merienda ideal para afrontar el resto del día con energía. Si te gusta experimentar, sustituye la manzana por pera... ¡No te defraudará!

× Precalentar el horno a 180 ºC, con calor arriba y abajo, y engrasar un molde *bundt* de 9 o 10 tazas con espray para desmoldar.

× Pelar y cortar las manzanas en dados. Mezclar con el zumo de limón y reservar.

× Mezclar el aceite con el azúcar de caña, la miel de agave, los huevos y el puré de manzana. Incorporar los dos tipos de harina, bien mezclados junto con el bicarbonato, y remover usando un batidor de globo, hasta tener una masa homogénea. Incorporar la manzana en dados con una espátula miserable.

× Verter la masa en el molde y hornear durante 55 minutos o hasta que al introducir un palillo este salga limpio.

× Dejar enfriar al menos durante 15 minutos antes de desmoldar. Después, dejar que se enfríe por completo sobre una rejilla.

*Si no se tiene un molde bundt, se puede sustituir por un molde redondo de 25 centímetros con agujero en el centro (llamado de rosca o corona).

**Se pueden sustituir por 4,5 cucharadas de linaza molidas y 180 ml de agua hirviendo. Dejar reposar la mezcla durante 5 minutos y utilizarla a continuación.

BIZCOCHO DE COCO

Para un molde rectangular de plum cake (14-16 porciones aproximadamente)
Para el bizcocho

50 ml de aceite de coco

180 g de azúcar de coco

1 huevo*

250 g de harina integral de espelta

2 cucharaditas de levadura química

250 g de leche de coco

30 g de coco rallado

1 cucharadita de ralladura de lima

Para decorar

250 g de queso crema 0 % materia grasa (puedes usar queso de untar vegano si lo prefieres)

3 cucharadas de miel de agave o miel (al gusto)

1 cucharadita de ralladura de lima

Un puñadito de chispas de coco

Un puñadito de bayas de Goji

Una pizca de canela

---

* *Se puede sustituir por 1,5 cucharadas de semillas de linaza molidas más 60 ml de agua hirviendo. Dejar reposar la mezcla 5 minutos y utilizarla a continuación.*

Intenso sabor a coco para los amantes de esta fruta. Jugoso y perfecto para cualquier ocasión, se conserva como recién hecho durante varios días. Además, ¿quién no tiene el típico molde de plum cake para prepararlo?

✕ Precalentar el horno a 190 ºC, con calor arriba y abajo. Engrasar un molde rectangular de *plum cake*.

✕ En un bol, mezclar el aceite, el azúcar de coco y el huevo. Incorporar la harina integral mezclada con la levadura química (dado que es complicado tamizar la harina integral, es mejor «soltarla» y airearla con el batidor de globo). Añadir poco a poco la leche de coco para facilitar el mezclado. Finalmente, añadir el coco rallado y la ralladura de lima.

✕ Verter la masa en el molde. Hornear durante 40-50 minutos, o hasta que esté doradito por fuera y, al introducir un palillo, este salga limpio.

✕ Dejar enfriar unos minutos antes de desmoldar.

✕ Decorar cuando esté frío: mezclar bien con un batidor de globo el queso y el agave o la miel. Espolvorear con la ralladura de lima, el coco rallado, unas bayas de Goji y una pizca de canela.

MUG CAKE DE ROLLOS DE CANELA

Para un mug cake

Para la masa

4 **cucharadas** de harina

¼ **de cucharadita** de levadura química

4 **cucharadas** de leche vegetal (tu favorita)

1 **cucharada** de miel de maple

½ **cucharada** de aceite de oliva suave o de girasol

Para el relleno

½ **cucharada** de aceite de oliva suave o de girasol

½ **cucharada** de azúcar de caña integral (panela)

½ **cucharadita** de canela

Para el glaseado

1 **cucharadita** de queso de untar *light* (puedes usar queso de untar vegano si lo prefieres)

1 **cucharadita** de miel de maple

¡La versión aligerada de uno de mis mug cakes favoritos! Lo mejor de todo: un minuto al microondas y ¡listo! Para que luego digan que la repostería es complicada.

✕ Mezclar todos los ingredientes del relleno y reservar.

✕ En una taza apta para microondas, mezclar bien todos los ingredientes de la masa hasta que la mezcla sea homogénea. Incorporar el relleno y mezclar lo justo, procurando que se quede como en espiral dentro de la masa original.

✕ Calentar en el microondas a máxima potencia durante un minuto. Si se ve poco hecho, se puede calentar más en intervalos de 15 segundos hasta que esté listo.

✕ Mezclar los ingredientes del glaseado y utilizarlo para decorar el *mug cake*.

MUG CAKE DE CHOCOLATE

Para un mug cake

3 cucharadas de harina de avena

1 cucharada de cacao en polvo (0 % azúcares añadidos)

1-2 cucharadas de miel de agave

½ cucharadita de levadura química

1 cucharada de aceite

4 cucharadas de tu leche vegetal favorita

Ya... Cuando lo hice por primera vez, ¡yo tampoco me pude creer que fuera ligero! Es la merienda perfecta para esas tardes invernales de estudio, entre exámenes, o tras un día de trabajo agotador. Un minuto al microondas... ¡y a disfrutar!

✕ En una taza apta para microondas, mezclar bien todos los ingredientes de la masa hasta que la mezcla sea homogénea.

✕ Calentar en el microondas a máxima potencia durante 1 minuto. Si parece poco hecho, calentar más en intervalos de 15 segundos hasta que esté listo.

✕ Decorarlo a gusto con mantequilla de cacahuate casera, con crema de chocolate y avellanas casera... ¡Calientito está de muerte!

BANANA BREAD

Para un molde rectangular de plum cake
(14-16 porciones aproximadamente)

2 plátanos (200 g)	
120 ml de miel de agave	
60 ml de aceite de oliva suave	
2 huevos*	
250 g de harina de trigo integral	
1 cucharadita de bicarbonato	
60 ml de leche vegetal (yo uso leche de avena)	
Un puñado de nueces peladas	

Uno de los bizcochos que más éxito tiene de todos los que preparo. Sirve para cualquier momento: desayuno, postre, merienda, para celebrar una ocasión especial... Si nunca lo has preparado, no lo dudes: ¡estoy segura de que te va a sorprender!

✕ Precalentar el horno a 190 ºC, con calor arriba y abajo. Engrasar un molde rectangular de *plum cake*.

✕ En un bol, machacar bien los plátanos, pero sin que queden hechos un puré. Esta es la clave para que el *banana bread* quede esponjoso, ya que añadir los plátanos totalmente hechos puré dejaría una miga densa y sin personalidad.

✕ Incorporar la miel de agave, el aceite y los huevos. Añadir la harina de trigo mezclada con el bicarbonato (dado que es complicado tamizar la harina integral, bastará con «soltarla» y airearla con un batidor de globo).

✕ Añadir finalmente la leche vegetal y, cuando la mezcla sea homogénea, añadir las nueces picadas. Reservar algunas para decorar.

✕ Verter la masa en el molde y colocar algunas nueces encima para decorar. Hornear durante 40 minutos o hasta que el *banana bread* esté doradito y al introducir un palillo este salga limpio.

Se pueden sustituir por 3 cucharadas de linaza molidas más 120 ml de agua hirviendo. Dejar reposar la mezcla durante 5 minutos y utilizarla a continuación.

PUMPKIN PIE

**Para un molde de 20-22 centímetros
(12 porciones aproximadamente)**

Para la base

250 g de hojuelas de avena o de centeno (o de tus cereales favoritos)

80 g de aceite de coco, fundido

3 cucharadas de miel de agave

Para el relleno

425 g de puré de calabaza*

3 cucharadas de miel de agave

2 huevos**

200 ml de nata de coco***

1 cucharadita de canela

½ cucharadita de jengibre en polvo

Una pizca de clavo molido

Una pizca de nuez moscada

Para preparar el puré solo tienes que asar en el horno unos buenos trozos de calabaza envueltos en papel de aluminio, a 180 ºC. Cuando estén blanditos, sácalos y hazlos puré. No es necesario incorporar agua. Pesa los 425 g que utilizarás en la receta; puedes utilizar lo que te sobre para preparar muffins (página 34) o granola (página 58). Otra opción es usar puré de calabaza que venden ya preparado. Asegúrate de que sea cien por ciento calabaza y de que no lleva otros ingredientes.

**Se pueden sustituir por 3 cucharadas de linaza molidas con 120 ml de agua hirviendo. Dejar reposar la mezcla durante 5 minutos antes de utilizarla.

***A la venta en tiendas naturistas. También puedes usar otro tipo de nata vegetal o nata ligera de cocinar.

Una versión ligera de la clásica tarta de calabaza especiada. ¡Perfecta para el otoño! Un truco: cuando termines de hornear, apaga el horno y deja la tarta dentro.

✕ Precalentar el horno a 165 ºC, con calor arriba y abajo.

✕ Comenzar preparando la base. Mezclar todos los ingredientes y verter la masa en un molde de tarta de unos 20 centímetros. Refrigerar.

✕ Para el relleno, mezclar todos los ingredientes con un batidor de globo, lentamente, para evitar introducir mucho aire, que haría que la masa se rajara al hornear.

✕ Verter la masa en el molde preparado anteriormente y hornear alrededor de 50 minutos o hasta que esté cuajado y solo el centro quede un poco líquido.

✕ Apagar el horno y dejar enfriar la tarta dentro.

✕ Enfriar después en el refrigerador al menos 3 horas antes de consumir.

BIZCOCHO DE LIMÓN CON FRAMBUESAS EN TARRO

Para un tarro de 250-300 mililitros

1 cucharada de aceite de oliva suave

1 huevo*

La ralladura de un limón

50 ml de miel de agave o maple

40 g de harina integral de espelta o trigo

½ cucharadita de levadura química

40 ml de zumo de limón

Un puñado de frambuesas

Un postre delicioso para llevar a cualquier excursión, picnic o para sorprender a tus invitados. Se hornea directamente en el tarro, así que si tiene enganches metálicos o alguna goma, recuerda retirarlos antes (y podrás recolocarlos después).

× Precalentar el horno a 180 ºC, con calor arriba y abajo.

× Buscar un tarro adecuado para la receta; el ideal es uno con una capacidad de 250-300 ml. No es necesario engrasarlo, ya que el bizcocho no se desmolda y se mancharía el vidrio.

× En un bol, mezclar el aceite con el huevo, la ralladura de limón y la miel de agave. Incorporar la harina integral, mezclada con la levadura (es complicado tamizar la harina integral, por eso es mejor «soltarla» y airearla con el batidor de globo). Remover mientras se incorpora poco a poco el zumo de limón.

× Cuando la masa sea homogénea, añadir las frambuesas, mezclar con una espátula miserable y echar todo en el molde.

× Hornear 20 minutos o hasta que al introducir un palillo esté limpio.

× Dejar enfriar por completo antes de consumir (o cerrar).

Se puede sustituir por 1,5 cucharadas de semillas de linaza molidas más 60 ml de agua hirviendo. Dejar reposar la mezcla 5 minutos y utilizarla a continuación.

BEBIDAS

SMOOTHIE DE ARÁNDANOS, PLÁTANO Y AGUACATE

Para 2 smoothies *medianos*

2 plátanos medianos

1 aguacate mediano

250 ml de yogur líquido desnatado (de vaca, de cabra o de soya) o, si se desea una textura más ligera, leche vegetal

150 g de arándanos frescos

Denso y energético, un smoothie perfecto para un desayuno completo. Se oxida rápidamente, por lo que te recomiendo prepararlo justo antes de consumirlo. Añádele un poco de hielo para un toque frappé.

✕ Para preparar este *smoothie* se utiliza la licuadora.

✕ Pelar los plátanos, trocearlos y ponerlos en el vaso. Añadir el aguacate, pelado, deshuesado y cortado en trozos.

✕ Incorporar el yogur y licuar hasta obtener una consistencia cremosa.

✕ Añadir los arándanos y licuar de nuevo hasta que el *smoothie* sea homogéneo.

✕ Esta bebida se oxida rápidamente, así que si no se va a consumir de inmediato, es conveniente añadir el zumo de medio limón (o lima) para prevenir el cambio de color.

SMOOTHIE DE MANGO Y COCO

SMOOTHIE DE MORAS Y ARÁNDANOS

Dos de mis smoothies favoritos. El de mango y coco es suave, exótico y refrescante. Y el de moras y plátanos tiene un ingrediente secreto: ¡dátiles!

Para 2 smoothies *medianos*

400 ml de leche de coco baja en grasa*

1 mango maduro

× Para preparar este *smoothie* se utiliza la licuadora.

× Agitar bien la lata de leche de coco para que esté bien homogénea.

× Vaciar la leche en el vaso junto con el mango, pelado y deshuesado.

× Licuar unos instantes hasta obtener un *smoothie* homogéneo.

× Servir bien frío, si es necesario, acompañado de hielo.

La leche de coco baja en grasa está a la venta en los supermercados. Se puede usar la versión normal, pero aumenta mucho el aporte calórico de este smoothie.

Para 2 smoothies *medianos*

6 dátiles

400 ml de yogur líquido desnatado (de vaca, de cabra o de soya) o, si se desea una textura más ligera, de leche vegetal

65 g de arándanos

60 g de moras

× Para preparar este *smoothie* se utiliza la licuadora.

× Poner los dátiles en remojo en agua, deshuesados, durante 15 o 20 minutos.

× Añadir el yogur, los frutos rojos bien lavados y los dátiles, escurridos, en el vaso.

× Licuar unos instantes hasta obtener un *smoothie* homogéneo.

SMOOTHIE DE CHOCOLATE, AVENA Y PLÁTANO

Para 2 smoothies *medianos*

400 ml de yogur líquido desnatado
(de vaca, de cabra o de soya) o, si se desea una
textura más ligera, de leche vegetal

1 cucharada de cacao puro
(0 % azúcares añadidos)

50 g de hojuelas de avena

1 plátano

Un desayuno de lo más completo: avena, plátano y yogur..., ¡con un toque de chocolate!

× Para preparar este *smoothie* se utiliza la licuadora.

× Mezclar el yogur con el cacao en el vaso hasta que estén bien emulsionados.

× Incorporar las hojuelas de avena y licuar de nuevo hasta que se disuelvan por completo.

× Finalmente, añadir el plátano troceado y triturar de nuevo hasta obtener un *smoothie* homogéneo.

SMOOTHIE DE PASTEL DE MANZANA

Para 2 smoothies *medianos*

2 manzanas medianas

250 ml de yogur líquido desnatado (de vaca, de cabra o de soya) o, si se desea una textura más ligera, de leche vegetal

3 galletas tipo Digestive

1 cucharadita de canela en polvo

El smoothie perfecto para los días en los que te apetece comer pastel de manzana, pero no tienes tiempo para prepararla. Su suave sabor a manzana y canela te volverá absolutamente loco. No dudes en añadir un poco de hielo para darle un toque de granizado.

× Para preparar este *smoothie* se utiliza la licuadora.

× Pelar las manzanas y ponerlas en el vaso junto con el yogur líquido.

× Licuar hasta obtener una mezcla homogénea e incorporar las galletas y la canela en polvo. Licuar de nuevo hasta tener un *smoothie* homogéneo.

× Servir bien frío espolvoreado con canela.

SMOOTHIE DE MANTEQUILLA DE CACAHUATE Y PLÁTANO

SMOOTHIE DE PLÁTANO Y DÁTILES

El de cacahuate y plátano es superenergético para esos días en los que necesitas un aporte extra de energía. Con plátano y dátiles como el anterior, es una forma de conseguir energía de una manera deliciosa.

Para 1 smoothie

1 plátano

1 vaso de leche vegetal

2 cucharadas de mantequilla de cacahuate

Para 1 smoothie

1 plátano

1 vaso de leche vegetal

6 dátiles

1 cucharada de mantequilla de almendras

× Para preparar este *smoothie* se utiliza la licuadora.

× Trocear el plátano pelado y congelarlo durante un par de horas.

× Poner el plátano, la leche vegetal bien fría y la mantequilla de cacahuate en el vaso.

× Licuar unos instantes hasta tener un *smoothie* homogéneo.

× Antes de servir, se puede decorar el vaso con un poco de mantequilla de cacahuate extra.

× Para preparar este *smoothie* se utiliza la licuadora.

× Trocear el plátano pelado y congelarlo durante un par de horas.

× Poner el plátano, la leche vegetal bien fría, los dátiles y la mantequilla de almendras en el vaso. Licuar unos instantes hasta tener un *smoothie* homogéneo.

× Servir bien frío.

SMOOTHIE DE PLÁTANO Y AÇAI

Para 2 **smoothies** *medianos*

1 plátano

1,5 vasos de leche de avena bien fría

1 cucharadita de extracto de vainilla

2 cucharaditas de açai en polvo

Una forma deliciosa de disfrutar de todos los beneficios del açai, una fruta exótica con propiedades antioxidantes. Este smoothie es denso y delicioso, te recomiendo probarlo bien, bien frío, ¡prometo que te va a encantar!

× Para preparar este *smoothie* se utiliza la licuadora.

× Mezclar todos los ingredientes hasta obtener un *smoothie* homogéneo y servir bien frío.

JUGO DE FRAMBUESA, NARANJA Y TOMATE

Para 1 jugo

150 g de frambuesas

1 tomate pequeño

1 naranja mediana

Un jugo delicioso para cargarse de vitamina C y de licopeno, el antioxidante natural que contiene el tomate. Muy sencillo de preparar, ligero y perfecto para acompañar un bol de desayuno o, sencillamente, para alegrarte el día a media mañana.

× Lavar las frambuesas y el tomate.

× Quitar el centro al tomate y pelar la naranja.

× Licuar todos los ingredientes.

× Servir bien frío.

JUGO DE NARANJA, LIMÓN Y JENGIBRE

JUGO VERDE DE MANZANA, APIO, PEPINO Y PERA

Te recomiendo preparar estos jugos con la fruta bien fría, ¡resultan superrefrescantes! El de naranja, limón y jengibre es un shot de vitamina C ideal para empezar el día con mucha energía. El verde te sorprenderá, ¡es mi favorito!

Para 2 jugos medianos

3 naranjas

1 limón

1 dado de jengibre fresco de 3 cm²

Para 2 jugos medianos

2 manzanas medianas

1 pera de agua mediana

1 pepino pequeño

3 tallos de apio (sin hojas ni raíz)

× Este jugo se prepara con la licuadora, aunque, si no se tiene, puede utilizarse un exprimidor normal. Si se usa una licuadora, pelar las naranjas y el limón. Licuar el jengibre y, a continuación, el limón y las naranjas.

× Si se usa el exprimidor, comenzar por rallar el jengibre lo más finamente posible y exprimir a continuación sobre él las naranjas y el limón. ¡A disfrutar!

× Este jugo se prepara con la licuadora.

× Lavar las manzanas, la pera, el pepino y los tallos de apio.

× Descorazonar las manzanas y la pera, cortarlas en trozos y licuarlas.

× Licuar a continuación los tres tallos de apio y el pepino.

× Mezclar bien y... ¡a disfrutar!

JUGO DE FRESA, UVA, MANZANA Y NARANJA

Para 1 jugo grande

100 g de fresas lavadas

100 g de uvas

1 manzana

1 naranja

Otro jugo que te aporta un montón de vitaminas y antioxidantes, y al mismo tiempo te refresca. Prepáralo con la fruta bien fría e incluso añade unos hielos en esos días de principios de verano en los que lo único que apetece es hidratarse.

✕ Lavar las fresas, las uvas y la manzana. Quitar el corazón de la manzana y pelar la naranja.

✕ Licuar todos los ingredientes y servir bien frío.

JUGO VERDE DE KIWI, LIMA, ESPINACA Y MANZANA

JUGO DE LIMÓN, MANZANA, JENGIBRE, ZANAHORIA Y ESPIRULINA

El jugo verde está cargado de nutrientes, resulta delicioso y es una forma fantástica de introducir las espinacas en nuestro día a día sin tener que ser sofritas o en ensalada. Y el de limón..., pues es tan nutritivo y delicioso como el jugo verde... ¡Así que espero que prepares los dos!

Para 1 jugo grande
2 kiwis
2 limas
1 buen puñado de espinacas frescas
1 manzana

Para 1 smoothie
1 limón
1 manzana
3 zanahorias medianas
1 cm² de jengibre fresco
½ cucharadita de espirulina (opcional)

✕ Pelar los kiwis y las limas. Lavar y descorazonar la manzana.

✕ Lavar bien las espinacas e introducir todos los ingredientes en la licuadora.

✕ Servir bien frío.

✕ Pelar el limón. Lavar y descorazonar la manzana. Lavar y pelar las zanahorias.

✕ Licuar todos los ingredientes.

✕ Incorporar la espirulina y mezclar bien.

✕ Servir bien frío.

ÍNDICE DE RECETAS

ÍNDICE ALFABÉTICO DE RECETAS

Agradecimientos

A Lucas y Bruno. Por todo. Son el centro de mi universo.

A mis padres, por ser los mejores abuelos del mundo. Gracias por el apoyo para probar las recetas y por su continua ayuda. Sin ustedes nada sería posible.

A Antonio y Nani, son unos «suegros de 10». Gracias por todo.

A Pinky, Minion y Leadville, están cada vez más locos, pero no podría haber en el mundo mejores hermanitos peludos para Brunito.

A Tris, te seguimos echando de menos a diario.

A mi familia por completo, gracias por quererme pese a mi (más que constatada) locura por el dulce.

A Ariadna, Susana y Angélica, ¡gracias por hacer que Alma's Cupcakes funcione de maravilla! Son un equipo genial.

A todo el equipo de Cookies and Dreams. Gracias por ayudarme a hacer mis sueños realidad.

A Maite, gracias por confiar en mí de nuevo.

A Ángeles, Lucía y todo el equipo de Planeta, gracias por haber apostado por mí y por haberme ayudado a crear este precioso libro.
¡Por muchos más libros juntas!

A mis yoguis gordis. Que lo que ha unido una barriga no lo separe ¡¡nada!! Nuestras sesiones de WhatsApp han sido la mejor terapia para mis días de estrés.

A todos los alumnos y alumnas de mis talleres. ¡Aprendo tantísimo de ustedes! Han logrado que adore la enseñanza.

A todas las personas que me siguen en las redes sociales. Son fantásticos, de verdad, ¡los siento como de la familia!

A tod@s l@s que vienen a mis firmas de libros. Conocerlos en persona, vernos cara a cara, es maravilloso.

A tod@s aquell@s que me han seguido desde que comencé y que siguen viniendo a todas mis firmas, a l@s que me siguen escribiendo..., cada vez que los veo se me ilumina el corazón. Son muy grandes.

Y finalmente, gracias a tod@s l@s que se decidieron a comprar este libro, recomendarlo o regalarlo. Espero que una vez más les guste y encuentren recetas útiles en él.

Notas